時代劇メディアが語る歴史

表象とリアリズム

大石学・時代考証学会◉編

岩田書院

はしがき

二〇一三年一一月二三日、時代考証学会第五回シンポジウムが東京学芸大学において開催された。当日は、テーマ「時代劇メディアが語る歴史—表象とリアリズム—」のもと、北は宮城県から、南は鹿児島県まで、六九名の参加をえて、活発な議論がおこなわれた。

時代劇は、テレビ・映画・アニメ・マンガ・小説など、さまざまなメディアを通じて、市民のもとに届けられてきた。そして、それをもとに市民の歴史意識、時代イメージ、人物像が形成されてきた。他方、歴史研究や歴史教育の場では、科学的・実証的立場から「事実」「史実」が解明され、意義づけられてきた。時代考証・時代考証学は、これら市民と研究・教育を、時代劇をつうじて結びつける役割を果たしている。

今回のシンポジウムのサブテーマ「表象とリアリズム」は、「表象＝シンボル、イメージ」と「リアリズム＝現実、現実主義」と言い換えることができる。現実社会で生起している無限の現象について、表象はこれをできる限り概念化・抽象化する行為であり、リアリズムは逆にこれを個別・具体的に把握し描こうとするものでもある。

しかし、「表象」は必ず例外・反証がつきまとい、リアリズムには、到底捉えきれない膨大な事実が横たわっている。たとえば、「江戸時代の代官」という表象は、多くの代官のリアルをドロップさせ、リアリズムは、多くの代官の無限の事実をはてしなく追究する作業となる。

時代劇制作とは、おそらくこの両者の限界・不備のもとに営まれるものといえる。元禄時代の浄瑠璃・歌舞伎狂言作者の近松門左衛門（一六五三〜一七二四）が、友人の儒学者穂積以貫《いかん》に語った芸術論として、「芸といふものは実と虚《うそ》との皮膜《ひにく》の間にあるもの也……虚にして虚にあらず、実にして実にあらず、この間に慰が有《あっ》たもの也」(「浄瑠璃文句評注難波《なにわ》土産《みやげ》」)、すなわち「虚実《きょじつ》皮膜《ひまく》《ひにく》」という説がある。真の芸術とは、皮と肉の微妙な間、虚構と現実の狭間にあるという意見である。

また、一九世紀のドイツの経済学者・哲学者のカール・マルクス(一八一八〜八三)は、「もし、事物の現象形態と本質とが直接に一致するならば、一切の科学は不要である」(『資本論』第三巻)と述べている。「本質＝表象」「現象＝リアリズム」とアナロジーでき、科学を現象と本質の懸隔、ズレを追究・考察し、一致させる営みとしてとらえている。

近松やマルクスが対立的にとらえた考え方を緩用するならば、時代劇制作とは、虚構と現実の間を埋め、現象と本質を結ぶ作業であり、時代考証・時代考証学とは、この作業を基礎づける行為・学問といえる。時代考証学会の従来の研究と活動、そして第五回シンポジウムの成果が、時代劇制作の世界、受け手である市民の世界、歴史研究・歴史教育の世界、三者の関係を強化し、各世界のレベルアップに寄与するならば幸いである。

時代考証学会会長　大石　学

時代劇メディアが語る歴史―表象とリアリズム―　目次

時代考証学会　第五回シンポジウム

「時代劇メディアが語る歴史―表象とリアリズム―」

時代考証学会 第5回シンポジウム

時代劇メディアが語る歴史—表象とリアリズム—

日時：2013年11月23日（土）13：00～17：30

開場：東京学芸大学・W110教室

門野　里苗（時代考証学会・東京都公立学校時間講師）

「時代劇メディアと学問・観光の関わり—『鬼平犯科帳』を題材に—」

小泉　隆義（㈱学研教育出版　図鑑・百科編集室　シニアプロデューサー）

「マンガと時代考証—学習マンガを中心として—ある編集者の私見」

岸　　聡光（ＮＨＫアート　番組美術部　エクゼクティブ美術デザイナー）

「ドラマ美術と時代考証」

宍戸　　開（俳優、写真家）

「時代劇メディアにおける演じ手の役割」

※肩書はシンポジウム当時のもの

趣旨説明

佐藤　宏之

時代劇メディア作品―さまざまなメディア媒体を通じて社会に発信される歴史作品（映画・テレビドラマ・小説・マンガ・ゲームなど）―は、公開後さまざまな時と場所において、さまざまな人びとに受け容れられ、かぎりなく解釈され続けていく。

昨今の歴史学界の動向を鑑みたとき―例えば、『歴史評論』第七五三号（二〇一三年）の「特集／映画をめぐる歴史と時間」、『人民の歴史学』第一九五号（二〇一三年）、日本史研究会二〇一三年六月例会「映画と歴史研究―史実／考証／創作―」など―、時代劇メディアを歴史叙述のひとつの方法として見直す、あるいは位置づけようとする動きが見られる。

このような取り組みは、時代考証学会において二〇〇九年の第一回シンポジウムから一貫して検討してきた課題であるが、これらの取り組みのなかに時代考証学会の研究成果は取り上げられてはいない。

また、シンポジウムやフォーラム終了後のアンケートに、しばしば「次は〇〇さんを呼んでほしい」、「〇〇さんの講演会に来ました」という意見や感想を書いてくださる方がいる。「時代考証学会＝役者さんの講演会」という図式が成り立っていることもまた現実である。時代考証学会のシンポジウムやフォーラムの場に参加する動機やきっかけ

【時代劇メディア作品と市民の関係構造】

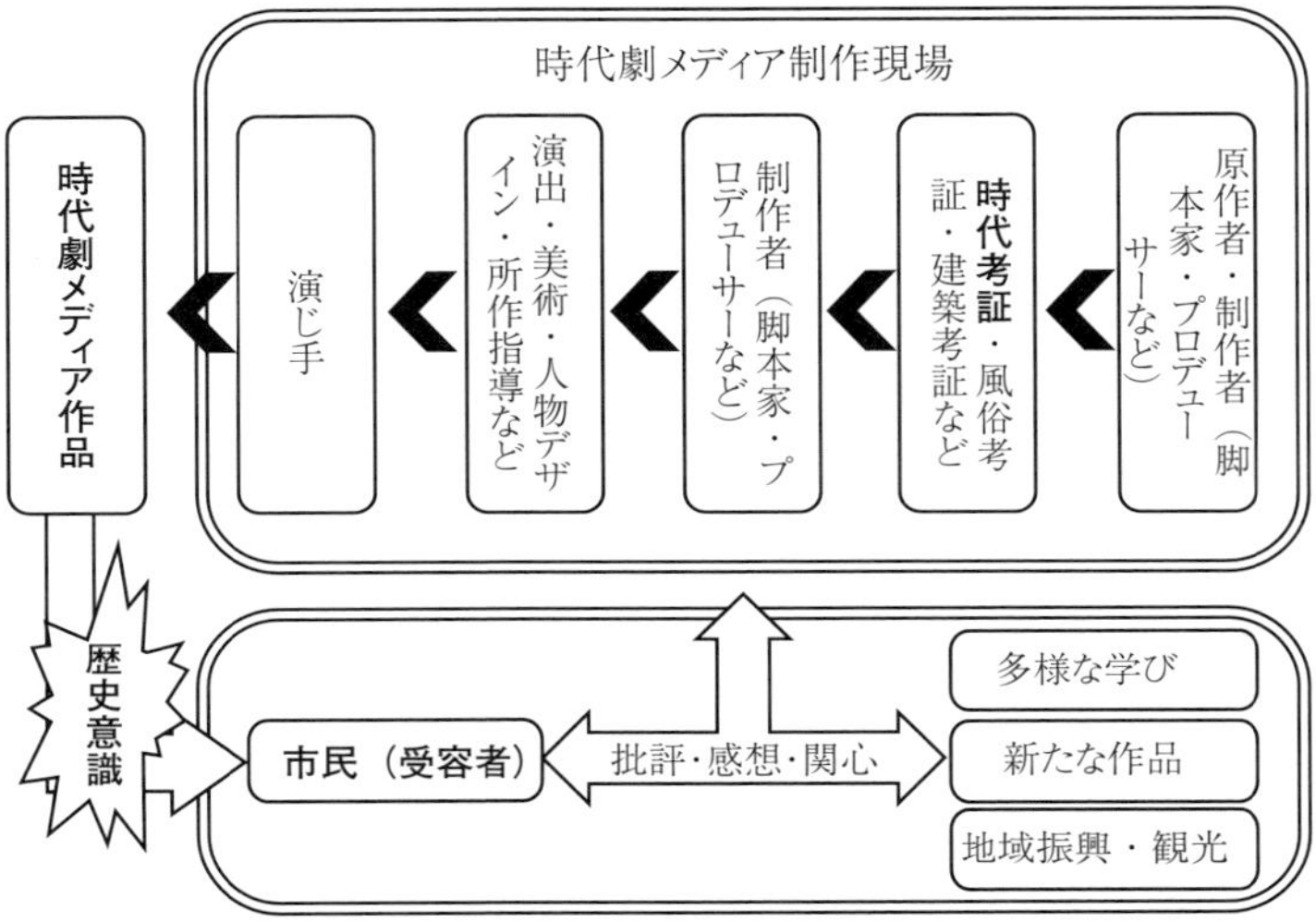

時代劇メディア制作現場→「作り手」の意図の重層性
時代劇メディア作品＝制作過程において、それぞれ意味づけられ、小さな決定の総体

市民（受容者）→時代劇メディアを批評し、感想を述べ、関心を高める
＝市民がもつ歴史意識の成熟の証左
→作品に新たなテーマや展開を要請
→多様な学び、新たな作品の創作、地域振興・観光への利活用

はともかく、会場をあとにするときには「時代考証学」とはどういった学問なのか、そこへ向かう思考の回路づくりを早急に考えなければならない。

さらに、民放時代劇が新聞のテレビ欄から消えて久しいが、時代劇の衰退が日本文化の衰退、ひいては日本人らしさの喪失につながるという言説（「時代劇＝日本の伝統文化」論）もまだまだ根強く残っている。

歴史とは、過去についての数多くの物語化のなかから現在の時点で選択され、現在の視点で新たに書き直される。特にNHK大河ドラマは「国民の歴史」を紡ぐ重要な装置であり、学校教育などよりも、もっと巧妙に市民に向けて公的な歴史を語り、歴史意識の基礎を醸成してきたといえる。

しかしながら、わたしたちが時代劇メディアから歴史意識をとらえようとするときに注意しなければならないのは、それが誰のどのような「意識」なのか、原作・脚本・プロデューサー・演出・美術・考証・指導・監修など、「作り手」の意図が重なり合っている点である。

右図【時代劇メディア作品と市民の関係構造】で示すように、時代劇メディアの制作現場では、原作者・制作者（脚本家・プロデューサーなど）、時代考証・風俗考証・建築考証などの専門家、演出・美術・人物デザイン・所作指導などの専門家、演じ手などの、さまざまなテクスト生産の過程において、それぞれ意味づけられ、それらの総体として時代劇メディア作品が完成するのである―もちろん、それらは決して単線でのみ結ばれるのではなく、相互に関連していることは言うまでもないことだが―。

つぎの文は、二〇一〇年大河ドラマ『龍馬伝』第四回の台本のワンシーンである。

『龍馬伝　第四回』

1 例えば品川

岩崎《いわさき》弥太郎の声「嘉永六年四月、坂本龍馬と溝渕広之丞は、ついに江戸に到着したがじゃ。土佐を出発してから三十日目のことじゃった」

行き交う人々。商人たちの威勢のいい江戸弁――

賑やかな大通りに龍馬と広之丞が立っている。

ぼさぼさの頭、汚れた着物。

龍　馬「これが江戸……！」

広之丞「賑やかじゃろう」

龍　馬「なんちゅう人の多さちや」

広之丞「美人が多いがじゃ」

男　１「（東北弁で）あれだけ給金がもらえるなら喜んで働くぞ」

男　２「まったくだ」

龍　馬「（見ていた。別の方向を見る）」

大工道具を抱えて歩いて行く別の男たち。

男　３「（関西弁で）今日はもう仕事は終わったのか」

男　４「これからそこらで一杯やるんだ」

広之丞「（見ていた）ありゃみんな大工ぜよ。江戸に仕事があるき、国中から集まっちゅう」

龍　馬「（感心して）みんな生き生きしちゅうのお」

客に品物の説明をしている商人……笑いながら歩いていく中年の女たち……子連れの若い女性……

広之丞「江戸では侍より町人商人のほうが威勢がえいがじゃ」

龍　馬「（昂揚して）！」

これが小説の一節であれば、読者自身が登場人物の人となり、場面（シーン）などを想像（イメージ）する。したがって、ストーリーと直接関わらない部分であれば、読者の裁量によって省略・簡略化することも可能である。ところが、ドラマはそうはいかない。登場人物はもちろんのこと、その背景にある物・人・動き・音なども、微に入り細に入り検討を加え、それを映像化しなければならない。

「行き交う人々」「賑やかな大通り」「なんちゅう人の多さちや」「これからそこらで一杯やるんだ」――江戸の大通りとはどれくらいの広さなんだろう。この時間（大工が仕事終わりに一杯やるという時間）、どんな人たちが「行き交」っていたのだろう。どんな音が聞こえていたのだろう。混雑具合いは？　侍の数は？　男女比は？

「ぼさぼさの頭、汚れた着物」――土佐から三〇日でどのくらいの髪の毛の長さになるのだろう。着物はどれくらい汚れるものなんだろう。途中で散髪はしなかったの？　着物は洗濯しなかったの？

「これが江戸……！」――他の町とは違う「江戸」らしさをどう見せたらいいのだろう。

「東北弁、関西弁」――当時、どのような言葉を喋っていたのだろう。江戸には東北弁や関西弁など方言を使う人たちがどれくらいいたのだろう。

「大工道具を抱えて歩いて行く別の男たち、客に品物の説明をしている商人、笑いながら歩いていく中年の女たち、子連れの若い女性」――どのような格好をしていたのだろう。

映像によってある時代を描くということは、ストーリーと直接関わらない部分であっても省略・簡略化することが難しい。映像(絵)・音声・文字などが組み合わされた時代劇メディアによる歴史叙述や歴史表象とはこのことを指す。

こうして創られた時代劇メディア作品を市民は受け容れることになる。しかし、その時代劇メディア作品で創られた歴史意識をそのまま受け容れるわけではない。市民(受容者)は、時代劇メディアを批評し、感想を述べ、そして関心(ニーズ)を高める。そのことは、市民がもつ歴史認識の成熟を意味していると言え、それによって作品に新たなテーマや展開を要請し、それを時代劇メディア制作現場が受けとめる場合もある。また、市民が各種講座などで自ら多様な学びにつなげたり、新たな作品を創作したり、地域振興や観光へ利用・活用したりすることもあるだろう。

したがって、時代劇メディア作品のなかに現われた歴史表象がわたしたちになにを語り、そこからわたしたちはなにを学び知ることができるのか、それを考える必要があるだろう。

以上のような現状を踏まえ、活動をはじめて五年間の時代考証学の成果を改めて問うべく第五回シンポジウムを企画した。

現時点で「時代考証」を定義づけるならば、「歴史学の成果に立脚した新たな歴史情報や歴史像を提供し、歴史意識の形成に携わる」、「広く共有された、あるいは共有されている歴史意識を受けとめる」作業ということができる。すなわち、時代考証担当者は、歴史像を提供し、歴史意識の形成に携わる側にいる一方で、市民の間に広く共有されている歴史意識を受けとめる側にもいるということができる。したがって、個別の史実をあきらかにすることは、ある出来事を理解するための手段にすぎないといえよう。

それでは「時代考証学」はどのように説明できるだろうか。これまでの活動をとおして、最新の研究成果をふまえた「本来の史実」と番組内容との距離を評定する時代考証の虚実判定をするのではなく、ひとまず「物語がなぜそのようなかたちで存在するのか」、「史実がどのような現実を作りあげているのか」を問う学問と意義づけておきたい。

昨年（二〇一二）開催された第四回シンポジウムにおいて、報告者の二代目猿若清方氏は「時代考証の良し悪しを感じさせないドラマにするための考証・指導・監修」の必要性、一柳邦久氏は「人を他者との人間関係によって表現、人を社会的存在として描くための考証・指導・監修」の必要性を提起した。すなわち、時代劇のなかにある「不自然さ」を排除するために考証・指導・監修が必要となるというのである。それは「リアリティ」の追求へとつながっていくことになる。しかしながら、その「リアリティ」の追求は必ずしも視聴者が求めているものとは違う。報告者の高橋英樹氏の「時代劇ではキレイなものがみたい」という発言に対する会場からの大きな拍手はそれを物語っているように思われる。

そこで第五回シンポジウムでは、テーマを「時代劇メディアが語る歴史―表象とリアリズム―」とし、社会における多様な「歴史を叙述する」行為、すなわち、映像（絵）・音声・文字などが組み合わされたさまざまな時代劇メディアがどのような意図で、どのような歴史叙述や歴史表象を行い、そしてその時代劇メディアを介して、受容者が知る、あるいは学ぶ歴史とはいかなるものかを検討することにしたい。

門野早苗氏には時代劇メディアからの影響を受けた市民（受容者）が、それぞれ関係性がある・ないにかかわらず複数いる場合、何らかの社会的な動きに発展する可能性があるということ、小泉隆義氏にはマンガとしての面白さと事実との整合性を図り、それを不自然ではなく描くために必要なこと、岸聡光氏には「その時代らしさ」を表現するために工夫していること、宍戸開氏には演じる側からわかりやすい時代劇づくりと歴史的なリアリティを求める時代考証の接合について報告をお願いした。

本シンポジウムにおいて、時代劇メディア作品を各制作過程で腑分けし、それぞれにおける意味づけをあきらかにしたうえで、再びその総体として位置づけることを試みたい。それによって形作られる「歴史」とはなにか／歴史意識とはなにか、を考えるきっかけとなれば幸いである。

時代劇メディアと学問・観光の関わり
―『鬼平犯科帳』を題材に―

門野　里苗

はじめに

ただ今、ご紹介いただきました、時代考証学会の門野です。よろしくお願い致します。それでは、報告させていただきます。

まず始めに、本報告の目的についてお話しします。本報告では時代劇メディアというのは、時代劇に関わる全てのメディアであると捉えて報告させていただきます。具体的には映画やドラマ、歴史作品を扱った舞台、時代小説、歴史を取り扱った新聞の記事、雑誌記事、漫画、テレビゲームなど、とにかくメディアの中で、時代劇に関わるもの全てを「時代劇メディア」とします。

このような時代劇メディアが人々に大変大きな影響を与えるということは、必ずしも時代考証の論拠が問題になってはおらず、むしろメディアの内容そのものが魅力的か否かが視聴者の側にとっては問題となっているのではないかと思います。そして魅力的な時代劇メディアというのは、受け手の心を捉えると思います。ここでいう受け手とは、視聴者や読者だけでなくて、それを目にする人全てを受け手というふうに設定します。

なぜ受け手の心を捉えるのかは、魅力的で想像力を刺激するような史実が、メディアの裏側にあるからなのではないかと考えます。また、私自身も時代劇メディアの影響を受けて、実際に歴史学を学ぶようになったという経緯があります。魅力的な時代劇メディアは受け手の一人一人にとても大きな影響を与えるといえます。私自身がその例ですが、魅力的な時代劇メディアに影響を受けて、歴史学を学んで、歴史を教える教員になりました。

一　大河ドラマ『篤姫』

本報告では、時代劇メディアから影響を与えられた受け手が、一人一人の個人ではなくて、集合体になったとき、それが社会にどのような影響を及ぼすのかを考察していきたいと思います。まず時代劇メディアの影響として、二〇〇八年に放送された大河ドラマの『篤姫』を例とします。『篤姫』の影響を観光と学問と二つの面に注目してみていきます。

まず観光面での影響は、本ドラマの主役となった篤姫生誕の地である鹿児島県にて、大河ドラマの放送以降、観光客数の拡大および観光事業の拡充がなされてきました。これについては次のようなデータがあります。例えば、鹿児島のボランティアガイドの登録者数はドラマ放送時の二倍に増えており、鹿児島県の観光施設である維新ふるさと館周辺が整備されたり、鹿児島まち歩き観光ステーションが設置されたり、さらには、鹿児島県の二〇〇八年の県外宿泊者数は前年比の三三パーセント増ということで、非常に大きな影響が、この数字を見てもあることがわかります。

一方、学問のほうでの影響は、篤姫が過ごした大奥に関する論文や研究書、一般書の数がドラマの制作発表後に大きく増加しているといったような例もありました。

このように作品の反響の大きさは、地域の歴史資産や史跡を巡る観光や新しい史実の発見などに、大変大きく影響を及ぼすということがわかります。このように社会に影響を及ぼした、または影響を及ぼし続ける時代劇メディアの一つの事例として、今回は時代小説である『鬼平犯科帳』と、それに関わる人々についての考察を試みたいと思います。

二　時代小説『鬼平犯科帳』とテレビドラマ

まず時代小説『鬼平犯科帳』についての概要ですが、作者は池波正太郎です。彼は東京都に生まれ、もともとは東京都の職員だったのですが、退職して作家に転向しています。新国劇で多くの戯曲を発表し、一九六〇年に『錯乱』で第四三回直木賞を受賞し、さらに、一九七七年に『鬼平犯科帳』その他の作品で、第一一回吉川英治文学賞を受賞しています。そして一九八六年に紫綬褒章を、一九八八年には菊池寛賞を受賞しています。一九九〇年に白血病で亡くなっています。

亡くなった後も、大衆小説家として今なお大変高い人気を誇っているということのできる作家です。池波の描いた『鬼平犯科帳』というのは、天明期から寛政期にかけて、実際に存在した旗本である長谷川平蔵や、その部下の与力・同心と盗賊たちのやりとりを描いた捕物作品であります。一九六七年から一九八九年まで文藝春秋の『オール読物』で連載されたものでした。全二四巻あり、総発行部数はおよそ二七〇〇万部にもなるといわれている作品です。

この池波正太郎原作の『鬼平犯科帳』をもとにしてテレビドラマが作られました。続いてそのテレビドラマの概要です。池波正太郎の時代小説『鬼平犯科帳』を原作としたテレビドラマシリーズはテレビ朝日系列とフジテレビ系列で放送されました。一九六九年に第一シリーズの放送開始、以後、四人の俳優が歴代の主演を務めています。第一シリーズでは、一九六九年から一九七二年まで八代目の松本幸四郎が演じました。その後一九七五年に丹波哲郎が、一九八〇年から一九八二年にかけては萬屋錦之介が、一九八八年から現在にかけては二代目の中村吉右衛門が長谷川平蔵を演じています(二〇一六年の放送をもって終了)。

シリーズは全部で九つあります。第九シリーズの放送は二〇〇一年に終わっていますが、二〇〇五年からはシリーズという形ではなくて、数年に一、二度のスペシャル版として放送が続けられました。二〇一二年、二〇一四年は放送がありませんので、二〇一一年と二〇一三年、二〇一五年の放送日とタイトル、平均視聴率をあげます。(1) これを見てわかることは毎回一〇パーセント以上の視聴率を取っています。ビデオリサーチが週間視聴率のランキングを出しているのですが、二〇一一年と二〇一三年、二〇一五年に放送された五作品というのはドラマ部門で、いずれもその週のトップテンに入る視聴率を取っているので、高視聴率を取っているといえます。

このように小説・テレビドラマともに『鬼平犯科帳』は高い人気を誇っていて、そのことから、社会にも非常に大きな影響を及ぼしているのではないかと考えられます。そこで、時代劇メディアである『鬼平犯科帳』の影響を様々な方面から探ってみようと思います。

まず「鬼平」というキーワードで検出される一般書を調べてみました。そのうち、二〇一二年から二〇一三年に出版された書籍に注目して考察してみます。

表1からわかることは、小説の連載、それからテレビドラマシリーズの終了にもかかわらず、いまだに関連書籍がコンスタントに多数出版されているということです。このうち、約半数に当たる九冊が、まち歩きと『鬼平犯科帳』という作品を絡めたものであることがわかります。表の中では丸印の付いているタイトルがそれに当たります。小

説・テレビドラマの受け手が、物語の中に登場する場所を実際に歩いたり、物語の中の長谷川平蔵が食したものを食べたりして、『鬼平犯科帳』を実感しようとする様子が見てとれます。西尾忠久監修の『鬼平を歩く』（光文社、二〇〇二年）には「鬼平気分で巡るおすすめ散策6コース」（七八〜七九頁）が紹介されています。

また物語の舞台となった自治体でも、作品とまち歩きを絡めたPRがなされている場合もあります。二つの例を紹介します。NPO法人本所深川では、小説の中にたびたび登場する「一本うどん」を商品化し、[2]「平蔵好みの一本うどん」という商品名で商標登録を出願しています。そして、中央区をはじめとした長谷川平蔵に関わる七区では、当時中央学院大学の教授をされていた重松一義さんを中心に、「平蔵サミット」として地域振興のためのシンポジウムやフォーラムの開催を提言していました。[3]

これらのことから、時代劇メディアである『鬼平犯科帳』の影響は、地域の観光に大きく寄与しているといえます。また、小説連載時・テレビドラマ放送時だけの一過性のブームとはいえないのです。このように、『鬼平犯科帳』が現在も多くの人に受け入れられている理由の一つは、鬼平、つまり池波正太郎の描く長谷川平蔵の人情味あふれる人間関係の処し方にあると指摘する声もあります。[4]ただ、これはあくまで時代劇メディア上での長谷川平蔵像であり、実在の人物としての長谷川平蔵の評価と一致しているとはいえません。

三　史実における「鬼平」と「人足寄場顕彰会」

続いて、史実における「鬼平」についてお話します。実在した長谷川平蔵は、延享二年（一七四五）に生まれました。江戸後期の幕臣で、名を宣以《のぶため》といいます。京都町奉行を勤めた長谷川平蔵宣雄を父にもち、天明八年（一七八八）に一度火付盗賊改方に就任し、翌天明九年に再任され、寛政七年(一七九五)に亡くなるまでの八年間、この職にあたりました。在任期間は、歴代の長官の中でも最長です。寛政二年(一七九〇)、老中松平定信に建議して、無宿人の授産施設である人足寄場を創設しています。(5)

ここで人足寄場について少し説明を加えておきます。人足寄場とは、寛政二年、長谷川平蔵の建議により松平定信が寛政改革の一環として設立した、無宿人の授産施設です。江戸に滞在する無宿人を収容し、職業訓練を施して社会復帰させることを目標としていました。天保年間(一八三〇〜一八四四)以降は軽犯罪者の収容施設としての性格が強くなり、そのまま幕末まで機能していきます。人足寄場研究の第一人者である法制史学者・滝川政次郎(6)は、「我が国における自由刑・保安処分の源流を為したもの(7)」と述べており、この施設が日本独自の発想から生まれたもので、「日本の産んだ法律文化の精華である(8)」と高く評価しています。時代小説である『鬼平犯科帳』の連載以後、創立者である長谷川平蔵とともにその存在が知られるようになりました。(9)

法政史学・歴史学などの専門家は、時代劇メディア『鬼平犯科帳』により、長谷川平蔵の名がひろく知られるようになったことについて、池波正太郎の功労によるものと評価しています。(10)一方で時代劇メディアによって広まった長谷川平蔵像については、「小説という性格上、経世家として、あるいは裁判官としての平蔵は伝えられていない(11)」ともいっています。専門家の間では、長谷川平蔵の名が世の中に知られるようになったことを一つの動機として、実際の長谷川平蔵と、平蔵が深く関与した人足寄場について、学問的な検証・研究が行われていくようになりました。まず表2を見てください。

表2は、国立情報学研究所(NII)が提供する無料情報サービス、Webcat Plusを利用して、「人足寄場」のキーワードから検出された書籍を一覧にしたものです。もっとも古いものは一九〇八年に出版された井上友一の『楽翁と

須田因』です。以後、二〇〇〇年代まで管見の限り五九の書籍が出版されています。これらのうち、時代小説『鬼平犯科帳』連載以前に発表されたものは五八年間で二〇本ですが、小説連載およびテレビドラマ放送以後に発表されたものは四〇年間で三九本あります。小説連載・テレビドラマ放送以後、書籍数・論文数ともに発表数を増やしていることがわかります。

またこの表では、テレビドラマ放送以後に発表された書籍・論文を、つぎの四期に分類し分析を行いました。四期とは、テレビドラマ「鬼平犯科帳」で四人の役者がそれぞれ主演を務め、次のドラマシリーズが始まるまでの期間を一から四に分けたものです。つまり、一期は松本幸四郎（八代目）が主演を務めた一九六九年から一九七四年、二期は丹波哲郎が主演を務めた一九七五年から一九七九年、三期は萬屋錦之介が主演を務めた一九八〇年から一九八七年、四期は中村吉右衛門（二代目）が主演を務めている一九八八年から現在までを指します。放映期間が長いこともあり、四期に発表された書籍・論文がもっとも多く、全部で三〇本ありました。ですが、これには放映期間の長さだけでなく、テレビドラマの人気も比例しているのではないでしょうか。

四期に発表された書籍は必ずしも専門書であるとは限らず、むしろ一般の読者にも親しみやすいものが目立っています。これは、著者や出版社がテレビドラマの視聴者を対象として書籍を出版したからだと考えられます。そして、テレビドラマのレギュラー放送が終了する二〇〇〇年代には、『鬼平犯科帳』や長谷川平蔵から離れて、人足寄場そのものを題材とした小説などが複数見られるようになってきます。これは、時代劇メディアの影響により、それまでは専門家だけが対象にしてきた「人足寄場」が、一般の人たちにも知られるようになり、さらに創作の対象にもなっていることのあらわれといえます。

次に表3からは、専門家の間でもさらに研究が深化している様子がうかがえます。この研究状況の深化の背景に、テレビドラマ『鬼平犯科帳』放送以後にできた団体の存在を指摘することができます。それが「人足寄場顕彰会」です。

「人足寄場顕彰会」は、滝川政次郎 國學院大學名誉教授、石井良助 東京大学名誉教授、杉山晴康 早稲田大学教授、手塚豊 慶應義塾大学教授、平松義郎 名古屋大学教授、重松一義 法務省矯正研修所教官、池波正太郎ら総勢八四名（肩書はすべて当時のもの）を発起人として、一九七三年に発足しました。発起人の多くは法制史学者や法曹界関係者でした。会設立の目的は「未だ邦人にも周くは知られていない人足寄場のことを顕彰せんが為めに、同志相寄って爰に人足寄場顕彰会を結成し、『人足寄場史』を編纂し、文化当局に献議してその遺跡に碑を建て、内外人をして永く故人の美事を景仰せしめん(12)」ためであると説明しています。

会は当初、顕彰碑を建てるために運動を始めましたが、かつて人足寄場が存在した東京都中央区からは、人足寄場の後身である石川島監獄のイメージが強いために碑の建立は猛反対されます(13)。そこで、まず人足寄場の実際の役割や法制史上の意味を知らしめるための運動に転換していくことにしたのです。その結果として会が結成され、この会の成果である『人足寄場史』（創文社、一九七三年）が刊行されることになったのです。また当時国会では監獄法の改正が審議されており(14)、国民の意識の中に人足寄場を蘇らせることで、この制度を新たな監獄法に生かしたいとの意図もあったようです(15)。

「人足寄場顕彰会」成立は、このような法制史家らの動きと、時代劇メディア『鬼平犯科帳』のブームが時期的に合致したため、法制史家らがこれに敏感に反応し、自らの目的を達成しようとした様子が見てとれます。なお、当初に人足寄場顕彰会が目指していた碑の建立について、その存在は現在のところ未確認です。しかし一九九〇年には東京都中央区によって石川島の人足寄場跡に、写真１・２のような灯台のモニュメントとレリーフが設置されています(16)。

人足寄場顕彰会の成果である『人足寄場史』の刊行以来、その研究は飛躍的に発展しました（表3）。『人足寄場史』が刊行される一九七三年以前、研究のメインは人足寄場を紹介するようなものが主でした。しかし一九七三年以降は、人足寄場を幕府の福祉政策と捉えるものや、人足寄場内で講釈されていた心学に注目したもの、石川島以外の人足寄場に関するものなど、法制史に限らない幅広い研究内容が見られるようになっています。このような動向は、人足寄場顕彰会の動きが契機となっているものの、広い視野で見てみると時代劇メディア「鬼平犯科帳」との相互作用によってもたらされた結果だといえるでしょう。

写真１　石川島灯台モニュメント

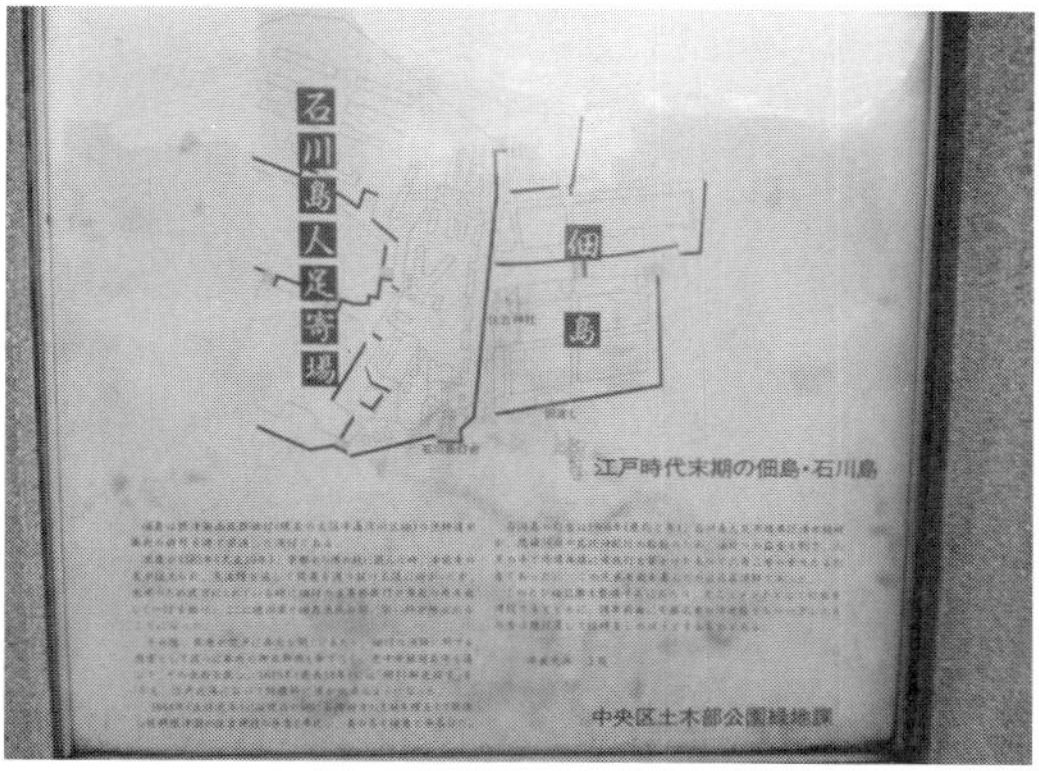

写真２　「石川島人足寄場」説明版

おわりに

おわりに、時代劇メディアの与える影響にはどのようなものがあるのか、もう一度「鬼平犯科帳」を題材として振り返ります。まず①観光面では、主にまち歩きをすることで時代劇メディアの受け手が物語の世界を体験していることがわかりました。これは、メディアと関連付けた文化財や観光資源を再発見することで、地域の活性化に発展させようとする動きにつながっているといえます。また私見ですが、受け手の「物語・ドラマが好きだから」という理由だけでなく、近年の江戸ブームもこれを後押ししているようにも感じます。次に②学術面では、主に人足寄場顕彰会の動きから研究者が時代劇メディアに反応している様子を見ることができました。そのような学術団体の結成、研究書の刊行がさらなる学問の発展を促す結果につながることが、表3などからわかりました。そしてとても重要なことは、①と②はまったく乖離した事象ではなく、お互いが密に影響し合っているということです。

では、なぜ『鬼平犯科帳』はここまで大きな影響を及ぼすことになったのでしょうか。一つ目は時代劇メディアの内容に原因があるといえます。『鬼平犯科帳』はフィクションであるのに、作品に現実味をもたせています。これは作者である池波正太郎が「まさに活きた庶民の営みのある町で育った」[17]大衆性に徹することができた作家だからだといえます。魅力的な時代劇メディアは受け手の心を捉えることができるのです。二つ目は時代劇メディアの再生産があげられます。テレビドラマ『鬼平犯科帳』は、シリーズ放送終了後の現在も頻繁に衛星放送等で視聴が可能です。地上波でも数年に一、二度のスペシャル版が放送されていました。さらに小説が電子書籍化したことで新たな読者層も獲得しており、月五〇〇〇冊を売り上げるシャープ電子書籍配信サービスで上位を占めています[18]。つまり、受け手の側も再生産されているのです。これらのことから、時代劇メディア『鬼平犯科帳』の影響は連載・放送当時だけの一過性のものにならず、新たな観光資源の発見、研究の発展に影響を与え続けているといえます。

以上のことから、時代劇メディアからの影響を受けた受け手が、それぞれ関係性がある・ないにかかわらず複数いる場合、何らかの社会的な動きに発展する可能性があることがわかりました。そこから新たな史実が発見され、歴史叙述がなされていく一因ともなりえるのです。つまり、時代劇メディアは我々の歴史認識を形成するために非常に重要な位置を占めているといえます。「時代劇（メディア）だから」といって学問上、軽視されるものではないのです。

表1 「鬼平」から検出された一般書

出版年月日	タイトル／著者・編者／出版社／まち歩き関連本(○)
二〇一二・二	池波正太郎の東京・下町を歩く／常盤新平／ベストセラーズ ○
二〇一二・三	池波正太郎の江戸料理を食べる／野崎洋光、重金敦之／朝日新聞出版 ○
二〇一二・三	古地図で歩く大江戸捕物帳：半七、鬼平の舞台を訪ねる／縄田一男／平凡社 ○
二〇一二・四	名字で読む歴史・時代小説／森岡浩／東京書籍
二〇一二・四	江戸名所で歩く大人の東京スカイツリー：公認ガイドブック／講談社／講談社 ○
二〇一二・五	池波正太郎「自前」の思想／佐高信、田中優子／集英社
二〇一二・五	谷中黒猫殺人事件：耳袋秘帖／風野真知雄／文芸春秋
二〇一二・六	復興の日本史：いかにして度重なる災害や危機を乗り越えてきたか／河井敦／祥伝社
二〇一二・八	池波正太郎の江戸東京を歩く／常盤新平／ベストセラーズ ○
二〇一二・九	江戸料理本／松下幸子／筑摩書房 ○
二〇一二・九	池波正太郎を歩く／須藤靖貴／講談社 ○
二〇一二・一二	にっぽん怪盗伝／池波正太郎／角川書店
二〇一二・一二	スカイツリー下町歴史の散歩道／東京遊歩連／山川出版 ○
二〇一二・一二	江戸の名奉行：四三人の実録列伝／丹野顯／文芸春秋
二〇一三・六	華を散らすな！：平四郎犯科帳／八柳誠／広済堂
二〇一三・一〇	とりマニア：すべてのとり好きにおくる、マニアのための本／浜田信郎監修／メディアパル ○

表2　「人足寄場」から検出された書籍

	出版年	タイトル／著者・編者／出版社
連載前・放送前	一九〇八	楽翁と須田因／井上友一／良書刊行会
	一九二〇	東京市史稿／救済篇章第2／東京市／東京市
	一九二二	現代史観／三浦周行／古今書院
	一九二五	日本仏教と社会事業／橋川正／丙午出版社
	一九二七	寛政改革と柳樽の改版／岡田朝太郎／磯部甲陽堂
	一九三三	前科者は、ナゼ、又、行るか。／原胤昭
	一九三四	捕物の話／三田村鳶魚／早稲田大学出版郡
	一九三七	明治大正史談3／　明治大正史談会
	一九四〇	月島発展史／京橋月島新聞社編／京橋月島新聞社
	一九四一	日本法制史要講／細川亀市／時潮社
	一九四三	日本近世行刑史稿　上／刑務協会編／刑務協会
	一九四四	日本法の制度と精神：史的研究／細川亀市／青葉書房
	一九五〇	市政裁判所始末：東京府の前身／東京都総務局文書課
	一九五七	更生保護協会運営に関する実益的研究／吉野栄二／法務研修所
	一九五九	市中取締類集（正・続）細目／国立国会図書館一級考査部編集／国立国会図書館一般考査部
	一九六一	日本行刑史／滝川政次郎／育蛙房

	一九六一	ふところ手帖　続／子母沢寛／中央公論社
	一九六四	江戸の刑罰／石井良助／中央公論社
	一九六六	江戸ばなし　第5巻（捕物の世界泥坊づくし）／三田村鳶魚／青蛙房
	一九六六	幕末の長崎：長崎代官の記録／森永種夫／岩波書店
	一九六八	江戸町方の制度／石井良助編／人物往来社
	一九六八	撰要類集細目　第3（天保撰要類集）／国立国会図書館参考書誌剖編／国立国会図書館参考書誌部
Ⅰ	一九六九	長板文書にみる箱館人足寄場史料／重松一義
	一九七三	石川嶋人足寄場居越帳／重松一議／人足寄場顕彰会
	一九七三	人足寄場史：我が国自由刑保安処分の源流／人足寄場顕彰会編／創文社
Ⅱ	一九七五	長谷川平蔵：その生涯と人足寄場／滝川政次郎／朝日新聞社
Ⅲ	一九八六	日本刑事法史／石井良助／創文社
	一九八六	目で見る日本風俗誌8／日本映画テレビプロデューサー協会編／日本放送出級協会
	一九八七	江戸：その政治と社会／川崎房五郎／光風社出版
	一九八八	江戸の罪と罰／平松義朗／平凡社
	一九八八	近世北海道行刑史／中河原喬／同成社
	一九九三	都市のプランナーたち：江戸・東京を造った人々／『東京人』編集室編／都市出版
	一九九四	〈火付盗賊改〉長谷川平蔵99の謎／楠木誠一郎／二見書房
	一九九六	熊本藩法政史料集／小林宏・高塩博編／創文社

Ⅳ

一九九七	天保改革の法と政策／坂本忠久／創文社
一九九八	新門辰五郎伝／早乙女貢／中央公論社
一九九九	鬼平・長谷川平蔵の生涯／重松一義／新人物往来社
一九九九	鬼平がよみがえる：時代の魁・長谷川平蔵／久田俊夫／東洋経済新報社
二〇〇〇	地図から消えた東京遺産：人物探訪／田中聡／祥伝社
二〇〇一	物語大江戸牢屋敷／中嶋繁雄／文芸春秋
二〇〇二	蜂須賀小六の末裔／宮城賢秀／幻冬舎
二〇〇三	江戸・東京を造った人々1／『東京人』編集室編／筑摩書房
二〇〇四	江戸時代の法とその周縁：吉宗と重賢と定信と／高塩博／汲古書院
二〇〇五	民衆から見た罪と罰：民間学としての刑事法学の試み／村井敏邦／花伝社、共栄書房
二〇〇五	日本獄制史の研究／重松一義／吉川弘文社
二〇〇五	わかれ雪：龍之介よる探索控／稲葉稔／コスミックインターナショナル、コミックス出版
二〇〇六	大日本近世史料(6)市中取締類集27（人足寄場之部・非人足寄場之部・上納金之部）／東京大学史料編纂所編纂／東京大学出版会
二〇〇六	身代わり同心：隠密廻り無明情話／稲葉稔／広済堂出版
二〇〇九	刺客の海：もぐら弦斎手控帳3／楠木誠一郎／二見書房
二〇〇九	女刺客：鐙月之介殺法帖／和久田正明／双葉社
二〇〇九	血塗られた慈悲、笞打つ帝国。：江戸から明治へ、刑罰はいかに権力を変えたのか？／ダニエル・V・ボツマン著、小林朋則訳／合同出版

二〇〇九	江戸・東京通物語／林えり子／ソフトバンククリエイティブ
二〇一〇	冬の風鈴：日暮し同心始末帖／辻堂魁／学研マーケティング、学研パブリッシング
二〇一一	無宿島／翔田寛／幻冬舎
二〇一一	東京今昔江戸散歩／山本博文／中経出版
二〇一一	あっぱれ毬谷慎十郎3（獅子身中の虫）／坂岡真／角川グループパブリッシング、角川書店
二〇一二	寄場の仇：二本十捕物控／早見俊／ＰＨＰ研究所
二〇一二	夢草紙人情おかんケ茶屋／今井絵美子／徳間書店
二〇一二	龍之介始末剣／稲葉稔／コスミック出版

表3 『鬼平犯科帳』連載開始以降に発表した人足寄場関連論文

掲載年	タイトル／著者／掲載誌
Ⅰ	
一九七一	石川島人足寄場／山崎喬／東京保護観察 7号
一七九二	人足寄場における心学講話／滝川政次郎／刑政 83巻9号
一九七三	人足寄場寸描／大石勉／罪と罰：日本刑事政策研究会報 10巻2号
一九七三	常陸上郷人足寄場考（一）／重松一義／刑政 84巻8号
一九七三	常陸上郷人足寄場考（二）／重松一義／刑政 84巻9号
一九七三	常陸上郷人足寄場考（完）／重松一義／刑政 84巻10号
一九七三	横須賀人足寄場考／重松一義／日本歴史 306号

	一九七四	建設の歴史散歩　江戸の人足寄場　佃島・石川島のあたり／菊岡倶也／建設業界　23巻11号
Ⅱ	一九七七	平松義朗「人足寄場起立考」（石井良助先生還暦祝賀「法制史論集」所収）／杉山晴康／法制史研究　27号
Ⅲ	一九八二	江戸の社会福祉事業—1—石川島人足寄場（江戸東京漫筆—36—）／川崎房五郎／選挙　35巻3号
	一九八二	人足寄場制度の刑政史的考察—石川島人足寄場を中心として—（大坪与一先生追悼特集号）／大坪与一／更正保護と犯罪予防　17巻3号
	一九八三	江戸水替及び人足寄場における釈放—1—／渋谷信久／刑政　94巻5号
	一九八三	江戸水替及び人足寄場における釈放—2—／磯部欣三／刑政　94巻6号
	一九八三	江戸水替及び人足寄場における釈放—3—／渋谷信久／刑政　94巻7号
Ⅳ	一九九〇	幕末の人足寄場に関する一考察（駒沢史学会一九九〇年度大会・総会、彙報）／藤井康／駒澤史学　42巻
	一九九〇	石川島人足寄場開設00周年に寄せて—処遇思想にもとづく矯正教育の実践—／沢登俊雄／刑政　101巻10号
	一九九一	江戸の人足寄場の性格とその変化をめぐって／坂本忠久／法制史研究　41号
	一九九二	〈近世の法と社会2〉人返しと人足寄場／塚田孝／月刊部落問題　189号
	一九九六	旧幕府引継書「市中取締類集（人足寄場之部）」—解題と翻刻—／高塩博、神崎直美／國學院大學日本文化研究所紀要　78号
	一九九六	心学というテクノロジー—人足寄場における実践を中心に—／梅森直之／早稲田政治経済学雑誌　328号
	一九九六	カルネ・ド・セキュリテ・日本最初の更正施設・石川島人足寄場／田中満儀／Security　20巻3号
	一九九七	人足寄場の創設と運営の史的実態—その構想と実践にみる伝統的牢制の修正—／重松一義／中央学院大学法学論叢　10巻2号
	一九九七	草創期の徒刑制度—熊本藩徒刑から幕府人足寄場まで—／高塩博／刑政　108巻8号

Ⅳ

一九九八	江戸石川島人足寄場の設立と展開—近世後期の無宿対策と人足寄場—／日野善雄／鳴門史学 12巻
一九九九	人足寄場収容者に関する基礎的考察（南和夫先生退職記念号）／藤井康／駒澤史学 53巻
一九九九	資料翻刻・解題 旧幕府引継書「天保撰要類集（人足寄場之部）」／高塩博、神崎直美／国学院大学日本文化研究所紀要 83号
一九九九	知られざる罪と罰（7）佐渡水替人足から人足寄場へ／村井敏邦／法学セミナー 44巻4号
一九九九	知られざる罪と罰（9）鬼平と人足寄場（上）／村井敏邦／法学セミナー 44巻5号
一九九九	知られざる罪と罰（9）鬼平と人足寄場（下）／村井敏邦／法学セミナー 44巻6号
一九九九	鬼平の人足寄場—労働政策の魁—／久田俊夫／経済経営論集 7巻1号
二〇〇〇	人足寄場をめぐる精神史（1）現代行刑実務の自画像／緑川徹／早稲田大学大学院法研論集 94号
二〇〇〇	資料翻刻・解題 旧幕府引継書「嘉永撰要類集（人足寄場之部）」—解題と翻刻—／神崎直美／國學院大學日本文化研究所紀要 85号
二〇〇〇	飛騨高山郡代豊田友直の人足寄場案—幕府天保改革維新の一事例—／神崎直美／地域文化研究 4号
二〇〇一	レトリックとしての人足寄場—塀の中の創られた伝統（特集 犯罪をめぐる思考—リセットの誘惑）—（第3部 犯罪社会学—私と世界）／緑川徹／木野評論 32巻
二〇〇一	資料翻刻・解題 旧幕府引継書「南撰要類集」収載人足寄場関係史料—解題と翻刻—／神崎直美／國學院大學日本文化研究所研究紀要 87巻
二〇〇一	飛騨高山郡代豊田友直の人足寄場案—解題と翻刻—／神崎直美／地域文化研究 5号
二〇〇一	人足寄場制度と鬼平（特集 鬼平・長谷川平蔵のすべて）—（鬼平の二大事業）／山本純美／歴史読本 46巻7号
二〇〇二	浜松藩の人足寄場／神崎直美／城西人文研究 27巻

Ⅳ	
二〇〇二	浜松藩の人足寄場―老中水野忠邦の領内施策とその幕政からの影響について―／神崎直美／中央史学　25巻
二〇〇二	史料翻刻　長崎人足寄場史料二題／高塩博／國學院大學日本文化研究紀要　89巻
二〇〇二	浜松藩の人足寄場史料―解題と翻刻―／神崎直美／地域文化研究　6号
二〇〇二	人足寄場の創設と熊本藩の徒刑制度（特集　鬼平と江戸の名奉行）―（第一部　長谷川平蔵編）／高塩博／歴史読本　47巻10号
二〇〇三	時代小説を歩く―鬼平がいた石川島人足寄場―（特集　祝！江戸開府400年―大江戸八百八町を歩く―）／池内紀／東京人　18巻2号
二〇〇三	西国筋郡代寺西元栄の徒罪認識と人足寄場改革案―老中水野忠邦への上申書を素材として―／神崎直美／城西人文研究　28巻
二〇〇四	人足寄場の創設と刑事政策の転換―近代的自由刑・矯正処遇の萌芽―／濱口瑞穂／六甲台論集．法学政治学篇　50巻3号
二〇〇七	逆説の日本史（第737回）第七十四話　徳川幕閣の展開と改革4「田沼意次、その虚像と実像」編（その16）『鬼平犯科帳』長谷川平蔵が世界に先駆けて人足寄場設置を建言した背景／井沢元彦／週刊ポスト　39巻55号
二〇〇八	〝歴史事件〟を現代の裁判制度で読み解く（7）「人足寄場」を裁く―現代行刑制度と比較して―／橋本康弘、川崎靖彦／社会科教育　45巻10号
二〇〇九	史談つれづれ（86）火盗改・長谷川平蔵と人足寄場跡／新妻久朗／放射線と産業　123号
二〇〇九	幕府人足寄場の収容者について―武家奉公人と有宿―／高塩博／栃木史学　23号
二〇〇九	寄場手業掛山田孫左衛門―創設期人足寄場とその後についての管見―／高塩博／國學院法学　47巻2号
二〇〇九	私の見てある記　世界初の更正施設　長谷川平蔵の人足寄場／大石さちこ／共済新報　50巻11号
二〇一〇	幕府人足寄場研究文献目録（稿）／高塩博／史学研究会会報　15号
二〇一二	人足寄場における福祉的処遇／松山郁夫／佐賀大学文化教育学研究論文集　17巻1号

註

（1）近年の放送スケジュールは次の通り。（ ）内は視聴率。ビデオリサーチ調べ。
二〇一一年　四月一五日　金曜プレステージ「一寸の虫」（一四・三％）
　　　　　　九月三〇日　金曜プレステージ「盗賊婚礼」（一二・二％）
二〇一三年　一月　四日　金曜プレステージ「泥鰌の和助始末」（一一・三％）
　　　　　　五月三一日　金曜プレステージ「見張りの糸」（一二・四％）
二〇一五年　一月九日　赤と黒のゲキジョー「密告」（一〇・一％）
（二〇一二年・二〇一四年は放送なし）

（2）『読売新聞』二〇一二年三月三一日　朝刊「鬼平の一本うどん、酒のさかなにもご飯代わりにも、深川のＮＰＯ、商品化」。

（3）『朝日新聞』一九九六年六月一三日　朝刊「町おこしの看板「鬼平」大学教授ら火付け役　関連7区に提言」。

（4）笠井哲「池波正太郎『鬼平犯科帳』における人間観」（『研究紀要』五二号、福島工業高等専門学校一般教科、二〇一一年）。

（5）長谷川平蔵の生い立ち・功績については、滝川政次郎『長谷川平蔵—その生涯と人足寄場—』（中公文庫、中央公論社、一九九四年）に詳しい。

（6）一八九七年、大阪市生まれ。東京大学法学部を卒業後、九州大学、中央大学、建国大学、國學院大學などで教授の職を歴任。東京裁判では嶋田繁太郎元海軍大臣の弁護人を務める。一九二四年頃から人足寄場に関心をもち、研究をはじめる。一九六一年に『日本行刑史』を出版し、長谷川平蔵に関する伝記を初めてまとめる。一九九二年没。

（7）前掲註（5）『長谷川平蔵—その生涯と人足寄場—』。

（8）同右。

（9）『鬼平犯科帳』一巻　第八話「むかしの女」中の人足寄場に関する次のような記述がある（傍線筆者）。

…このところ、平蔵は多忙をきわめている。

火付盗賊改方と〔兼任〕で、石川島に設けられた人足寄場の〔取扱〕をすることになったからである。

人足寄場は無宿者、つまり、浮浪の徒の授産場といってもよい施設であって、…

（10）前掲註（5）『長谷川平蔵—その生涯と人足寄場—』。

（11）同右。

（12）滝川政次郎「序」（人足寄場顕彰会編『人足寄場史』創文社、一九七三年）。

（13）前掲註（5）『長谷川平蔵—その生涯と人足寄場—』。

（14）監獄法は二〇〇五年に改正され、受刑者の改善更生・社会復帰に向けた処遇を図ることが加えられた。（加藤美代「【特集】刑事拘禁制度大改革—一〇〇年前の監獄法が変わる—「刑事施設及び受刑者の処遇等に関する法律」について」http://www.aiben.jp/page/library/kaihou/1708toku02.html　二〇一三年一一月二二日）。

（15）前掲註（12）滝川政次郎「序」（人足寄場顕彰会編『人足寄場史』）。

（16）一九九〇年、東京都中央区の公園整備事業の一環として設置される。

（17）島田昭男「池波正太郎」（『国文学　解釈と鑑賞』四四巻三号、至文堂、一九七九年）。

（18）『読売新聞』二〇〇二年六月二日　朝刊「理想の上司像は「鬼平」　若者や女性に読者層広がる　電子書籍でも人気上位」。

参考文献

・池波正太郎『鬼平犯科帳 一』（文芸春秋、二〇〇四年）
・笠井 哲「池波正太郎『鬼平犯科帳』における人間観」（『研究紀要』五二号、福島工業高等専門学校一般教科、二〇一一年）
・島田昭男「池波正太郎」（『国文学 解釈と鑑賞』四四巻三号、至文堂、一九七九年）
・滝川政次郎『長谷川平蔵―その生涯と人足寄場―』（中公文庫、中央公論社、一九九四年）
・奈良迫英光「大河ドラマの誘致と観光振興」（大石学・時代考証学会編『大河ドラマと地域文化―「篤姫」「龍馬伝」と鹿児島―』高城書房、二〇一二年）
・人足寄場顕彰会『人足寄場史』（創文社、一九七三年）
・野本禎司「時代考証と歴史学―ＮＨＫ大河ドラマ「篤姫」を題材に―」（大石学・時代考証学会編『時代考証ことはじめ』東京堂出版、二〇一〇年）

マンガと時代考証
―学習マンガを中心として―

小泉隆義

プロローグ　時代考証学会との関わり

私は、学研（学習研究社、現在は学研プラス）で、『学習』『科学』という子ども向けの学年別学習雑誌（今は休刊）や子ども向けの本の編集に長く携わりました。

そうした仕事の中で、学習マンガ（マンガのジャンルの中では特異なジャンルになるとは思いますが）の編集に関わったことで、私が日頃感じていること、こうではないかというような勝手な思い込みも含めまして、一編集者がどう感じているかということ、あるいは学習マンガをどう作っているのかということ、そして時代考証がそこにどう関わるのかということを述べさせていただければと思います（なお、この論考は二〇一三年の時点で発表したものをまとめたものであることをお断りしておきます）。

さて、私に与えられた課題は、マンガ、特に学習マンガの表現とリアリズム、時代考証との関係がどうかということです。

私がこれから述べることは、私自身も必ずしも正しいとは思っておりません。私はマンガ専門の編集者ではありりませんし、まして、学習マンガやマンガの研究者でもありません。したがって、ご批判はあると思いますが、あらかじめご承知おきください。

まずは、私がこの時代考証学会に呼ばれて発表することになった直接のきっかけを申し上げます。それは、時代考証学会に監修をお願いした、ある学習マンガです。『学研まんが　NEW日本の歴史』という本で、二〇一二年の一一月に出版をいたしました。この本の監修を時代考証学会の先生方や関係する先生方にご協力いただいたのです。このことが御縁でした。以下は、この本の制作の中でいろいろと感じたことを中心に述べさせていただきます。

一　学習マンガとは何か？

その前に、そもそも学習マンガとは何かということです。時代考証との関係もありますので、一般的な話からさせていただきます。

まず学習マンガの歴史を概観したいと思います。学習マンガというのは、第二次世界大戦前からありました。これを「学習マンガ」と言ったのは戦後のようです。それまでは「勉強漫画」とか、科学を扱うマンガがほとんどだったので「科学漫画」というふうに呼ばれていたようです。手塚治虫(一九二八～一九八九)さんも学習マンガを描いていましたが、手塚さんも勉強漫画とか科学漫画と呼んでいたようです。

戦前の学習マンガの作者で、有名な方を二人あげます。

一人は秋玲二(一九一〇～二〇〇六)さんです。この方は戦後も学習マンガを描かれていまして、学習マンガの世界では大家の方です。戦前に『東日《とうにち》小学生新聞』(今の『毎日小学生新聞』にあたります。子ども向けの新聞としては、日本では一番の老舗です）に、一九三九年から『勉強漫画』を連載していました。そのほかに『漫画の理科』（三笠書房、一九三五年）や、戦後には『よっちゃんの勉強漫画』『サイエンス君の世界旅行』を発表しています。タイトルからもわかるとおり、科学を易しくマンガにして紹介するというものでした。

あと、もう一人が横山隆一（一九〇九〜二〇〇一）さんです。この方は学習マンガが専門ではなく、『フクちゃん』『デンスケ』などの新聞の四コママンガが有名です。この方が、戦前の一九三八年に出版された『科学漫画』（中央公論社）の中で学習マンガを描いています。

さて、ここで秋玲二さんが戦後、学習マンガについて同人誌の記事の中で語っていることを要約して紹介します。

「科学は子どもにとって、面白く、興味を持たせてあげるために、マンガの形を借りて表現するのがいい。これを読んでさらに発展して勉強してもらえるようになればよい。」

それから、先ほどの横山隆一さんの『科学漫画』は、当時の科学者や学者が監修をしていましたが、その中の監修者の巻頭言を要約して紹介します。

「科学的な知識を平易に面白く、しかも正しく子どもたちに与えてやりたい。そのために、子どもの好きなマンガを使って表現した。」

この二つのことからもわかると思いますが、マンガを子どもの教育に利用するという視点は、戦前からあったのだと言えます。それが学習マンガであるということです。

そして学習マンガというのは、親や学校の先生が安心して子どもに与えられるマンガという認識が根底にあったのです。戦後もこの認識は多分、変わらなかったと思います。

ですから、学校図書館などで、かつて唯一置かれていたマンガが、学習マンガだったのは、このことと深く関係しているわと思います。今はもうさすがに学習マンガだけではなくて、一般的なマンガが入っていたりします。公立の図書館でもマンガを置いています。

時代はだいぶ変わりましたが、やはり、親が安心して読ませられるというようなこと、あるいは、マンガというものに対して否定的、ないしは批判的な大人も、学習マンガだったらいいだろうというような認識は、戦前からあったと言えるのです。

さらに戦後、マンガ(この場合は学習マンガは含まれません)に対しては、一九五〇年代には子どもにとってよくないものという圧倒的な考え方がありました。一九五五年以降、だいたい西日本が中心だったと聞いていますが、「悪書追放運動」というものがありました。これは今でも東京都で児童ポルノ禁止というものがありますが、それと同じような感じで、今でいう普通のマンガすら悪書だと言われ、追放されたことがありました。

ところで当時、学習マンガが連載されていた、あるいは学習マンガが読めたのは、学年別学習雑誌などで連載されたものがほとんどだったと思います。小学生向けでは、小学館の『小学〇年生』や学研の『学習』『科学』など、中学生向けでは、旺文社の『時代』や学研の『コース』などに学習マンガが載っておりました。こういう雑誌で、手塚治虫さんも学習マンガを描いています。

そして、マンガ雑誌は駄目だけれど、こういう学年別の学習雑誌ならいい、買ってもいいというような保護者がおそらく多かったと思います。だいたい、三〇代後半から四〇代より上の方々にとっては、家庭の保護者はこういう考え方が多かったのではないかと思います。

一方、一九六〇年代ぐらいから、マンガ市場がどんどん拡大していきます。特に週刊少年マンガ誌が出まして、一九五九年に小学館が『少年サンデー』、講談社が『少年マガジン』を出しました。その後、少女マンガ誌も次々と出ました。『なかよし』『りぼん』『マーガレット』『フレンド』などです。これによってマンガを読む人口がどんどん増えました。

この頃、大学生がマンガを読むことがニュースになったそうです。大学生が電車の中でマンガを読んでいるということで、これはどういうことだ、何たることだと話題になり、それがニュースになったのです。その根底としては、マンガは子どものものだ、だから、やがて大人になったら卒業するというような認識があったのだろうと思います。

やがてマンガを読む大学生たちが、大人になります。そして大人になってもマンガを読みます。大人でもマンガを読む世代の誕生です。だから、マンガに抵抗感は一切ありません。マンガ・アニメなどのサブカルチャーをメインカルチャーに押し上げた世代です。現在では、マンガ・アニメと言えば、日本の文化だというふうにまでなりましたが、ずいぶん時代が変わったと言えます。

そして大人の学習マンガまで登場するようになりました。『おそ松くん』『もーれつア太郎』『天才バカボン』など、ギャグマンガが有名な赤塚不二夫（一九三五～二〇〇八）さんが、学習マンガを大人向けに作りました。

その最初が『ニャロメのおもしろ数学教室』（パシフィカ、一九八一年）でした。これは、大人に面白く数学の知識をマンガで解説するという本で、大人の学習マンガの先駆けでした。

また『サイボーグ００９』『仮面ライダー』などで有名なマンガ家の石ノ森章太郎（一九三八～一九九八）さんが、『マンガ日本経済入門』（日本経済新聞社、一九八六年）という大人向けのマンガを出しました。これはベストセラーになり、大変話題になった本です。ストーリー仕立てで、日本経済の様子をマンガで表現しました。さらに、『マンガ日本の歴史』（中央公論社、一九八九年）も出しました。これは全四八巻ある大人のための日本の歴史のマンガでした。

今や官公庁のパンフレットにすら、マンガ的な手法が見受けられますし、マンガで解説するとか、マンガでよくわかる○○とか、そういうマンガ手法を使った大人向けの本がいっぱい出されるようになりました。

さらに付け加えれば、オタク文化と言われるものも普及しています。例えば、アニメ・コミック文化の一翼を担っているコミックマーケットなどにたくさんの人が集まります。アニメ・コミックの影響は、日本の社会の中で無視できなくなっています。

このように、マンガはすっかり定着しました。マンガの学校もできていますし、マンガの学部がある京都精華大学などの大学もあります。

それから、マンガ専門の公立図書館で広島市立のマンガ図書館もあります。もともとマンガ専門の図書館は、内記稔夫(一九三七〜二〇一二)さんという方が個人的にやっていた現代マンガ図書館(東京都新宿区)ぐらいでしたが、今や京都に京都国際マンガミュージアムという図書館もできましたし、明治大学が東京国際マンガ図書館を準備しております。

この東京国際マンガ図書館は、米沢嘉博(一九五三〜二〇〇六)さんという、コミックマーケットの創始者であり、戦後のマンガ雑誌や主要なマンガを数多く収集されていて、ご自身もコミック評論家だった方の蔵書とコレクションをもとにして作る図書館です。

さて、だいたいマンガの発表の場というのは、戦前はほとんどが新聞です。新聞のマンガは、四コママンガか一コマの風刺マンガが主流です。もともと新聞とマンガは相性がよかったようです。福沢諭吉(一八三五〜一九〇一)は『時事新報』という新聞を発刊しますが、諭吉が最初にその新聞にマンガを載せました。そのマンガのマンガ家は北澤楽天(一八七六〜一九五五)です。彼は原稿料だけで生活ができた、日本で最初の職業マンガ家だと言われています。

こうして戦前から新聞を中心にマンガが掲載されていたわけですが、単行本は戦後になってから多く出るようになりました。

学習マンガの単行本としておもな作品を述べますと、一九六八年に、『学習漫画　日本の歴史』（集英社）が出ています。和歌森太郎（一九一五～一九七七）先生が監修で、カゴ直利（一九二〇～二〇一三）さんなどのマンガ家が描いています。これは管見によれば、最も初期の「マンガで読む日本の歴史」だったと思います。

その後、『漫画日本史』（集英社、一九七一年）が出されています。この本のマンガ家はムロタニツネ象（一九三四～）さんです。この方は歴史マンガの草分けであり大家です。ムロタニさんは、『毎日中学生新聞』でデビュー以来、ずっと歴史マンガを描いています。ほかのストーリーマンガ作品としては、『地獄くん』などがありますが、歴史マンガが得意な方でした。

次に『学研まんが　ひみつシリーズ』（学研）があります。一九七二年に最初に四冊出されて、爆発的に売れました。現在は『新ひみつシリーズ』というタイトルになっています。この『ひみつシリーズ』は、シリーズ全体で累計一〇〇万部とされています。中でも、最初に出した『からだのひみつ』は十年間で累計一〇〇万部を突破したそうです。この『からだのひみつ』と同時に出された『コロ助の科学質問箱』を描いたマンガ家が内山安二（一九三五～二〇〇二）さんで、この方も学習マンガの大家でした。

こうした巨匠とも呼べる方々が描いていたことで、学習マンガは子どもたちの間で普及していきました。

先ほども述べましたが、学習マンガは、かつて唯一、図書館に置かれていたマンガでした。だいたい三〇代後半から上の方々だと、家庭でマンガが禁止されていたということが結構あったと思います。そうすると、図書館に行くと唯一読めたマンガが学習マンガだったということが多かったと思います。したがって、最初にマンガに目覚めたきっかけが、この『ひみつシリーズ』だったという方も結構いるのです。

この『ひみつシリーズ』が発刊されたきっかけは、一九六八年頃から発行されていました『科学』という学研の学年別科学雑誌です。ここに、科学マンガが掲載されていました。その中で親子にアンケートを取ったところ、学習に役立つマンガならいいという結果が出たのです。マンガに対して抵抗感があっても、勉強に役立つとか、学習に役立つということであれば、親は買ってくれました。子どもがせがんでも、親は普通のコミックでは買ってくれませんが、こういうマンガなら買ってくれるというようなことがあったのです。

『ひみつシリーズ』の対象読者は、だいたい小学校三、四年生です。あまり勉強の要素を前面に出したマンガではなかったようです。興味を持っている知りたいテーマをマンガにしていました。学校の勉強の内容や教科書の内容をそのままマンガにしたものではありません。ですから、知識を子どもに伝えるための工夫がされていて、ストーリーもよく練られていました。

この後は『学研まんが　伝記シリーズ』(一九七七年)という伝記もののマンガや、日本の歴史上の人物の伝記である『まんが日本史(のちにタイトルが『人物日本史』と変わります)』(一九七八年)を出します。そして一九八二年に、『学研まんが　日本の歴史』全一六巻が出ます。これは『学研まんが　NEW日本の歴史』の前の版です。現在は電子書籍になっています。

この一九八二年には、小学館と集英社が同じようにマンガの『日本の歴史』を出してきました。かつて小学館・集英社・学研という三社が、そろって日本の歴史の学習マンガを出して書店の棚を占めていた時期がありました。

そして最近は、マンガの参考書というものがあるのです。初めてそれをやったのは、学研だと思いますが、『MANGAゼミナール　高校まんが学参』(一九八二年)です。

実を言うと、学習参考書のコーナーでは、このマンガで学ぶ学習参考書は、わりと大きな比重を占めています。売り上げもばかにならないぐらいあります。今や高校生もマンガで勉強をするのです。これで大学の受験勉強をしたという子もいます。

さらに、「萌え系」と言って、かわいい美少女系のマンガイラストの参考書が大変売れたこともありました。高校生ぐらいになると、そうした絵柄が好きですから、この手法は大変受けたのです。やがて各社より、伝記・名作・歴史物など、さまざまな学習マンガ出されるようになりました。

また、小学館や集英社などから、キャラクターを使った学習マンガも出ました。『ドラえもん』『ちびまる子ちゃん』『名探偵コナン』、こういったコミックのキャラクターを使って学習マンガにするという手法です。これは人気があります。

最近では、ポプラ社から『コミック版　日本の歴史』（二〇〇七年）が出ました。これは実を言いますと、今までの学習マンガと少しマンガのテイストが違いました。マンガのテイストが現代風、つまりアニメやゲームなどを見慣れた子どもたちにとってなじみのある絵柄でした。ただ、日本の歴史となっていますが、内容は人物伝記です。日本の歴史を時代にそって理解するというものではありません。人物伝記に特化している感じです。織田信長・豊臣秀吉・徳川家康が最初に出ています。これは主に学校図書館が大きい市場だそうです。

そして、学習マンガの新しい形を示したのが分冊百科でした。分冊百科というのは週刊誌ですが、期間限定の週刊誌だと考えるとわかりやすいと思います。最初から全五〇冊なら五〇冊までしか出さない週刊誌です。毎週出ますが、予定の冊数で打ち止めにして、毎週違うテーマ、あるいは続きのテーマで出すという形態の雑誌です。

この形式の雑誌を最初にやったのが、デアゴスティーニ・ジャパンという、イタリア系の会社の日本法人でした。最初、もともとは大人向けでやりました。それを子ども向けにしたものが『週刊そーなんだ』です。これはオールカラーのマンガ手法を使った子ども向け分冊百科でした。科学編・社会編・歴史編と出しました。さらに、朝日新聞出版が『週刊かがくる』という子ども向けの科学マンガの分冊百科を出しました。

また、同じ朝日新聞出版で、『朝日ジュニアシリーズ　週刊マンガ日本史』が出ます。これは私も参考にいたしましたが、『学研まんが　NEW日本の歴史』とマンガの絵柄のテイストが似ているものです。全五〇巻あります。ただし、「日本史」としていますが、内容は日本史人物の伝記です。ただ、マンガの絵柄のテイストは今風なものにしていて、これまでの学習マンガの絵柄とは違っているということです。この後は、『週刊新マンガ日本史』、『週刊マンガ世界の偉人』と出しています。

そして最近、はやっているのが、韓国の学習マンガです。韓国では学習マンガが発展しています。韓国では日本以上に受験競争が激しい社会で、とにかく親は子どもに対して、教育に熱心です。韓国ではマンガは規制が厳しくて、日本のようにあまり自由度がありません。ですから、韓国ではマンガは学習マンガと言っても過言ではないぐらい、学習マンガの天下だそうです。韓国の親はマンガに対しては厳しいですが、学習マンガには寛容です。それは日本と事情が同じです。学習マンガなら買うという親が多いのです。しかも全巻ものを買います。全何十巻となるものを一挙に買います。それを通販で買うそうです。そういう市場らしいのです。

韓国は、こうしてつちかった学習マンガのノウハウを、今度は外国に向けて輸出しています。この輸出というのは、最近の韓国の国策です。韓国はもう国内市場を諦めて、外国に打って出て、海外で外貨を稼ごうということを、全産業を通じて国策でやっています。例えば、自動車の現代《ヒュンダイ》や電子機器の三星《サムスン》などです。国内市場より海外市場に圧倒的に比重をかけています。日本でも韓国が結構大きな市場を占めていますが、学習マンガも同じです。

今、学習マンガは、東南アジア・中国・インドなどのアジア市場では、韓国が圧倒的なシェアを誇っています。日本の学習マンガは、輸出をしていないということもありますけれども、ほとんどありません。たまに翻訳されますが、韓国の学習マンガはオールカラーで、日本のマンガはモノクロですから、同じ土俵で戦うにはカラーにしないとだめなので、日本のマンガはどうしても輸出には不向きだと言えます。

さて、ここまで学習マンガの歴史を概観し、学習マンガとは何かについて述べてきましたが、以上のことをふまえまして、次に学習マンガと時代考証との関わりについて述べさせていただきます。

二　学習マンガと時代考証

戦前・戦後を通して学習マンガに求められている、子どもたちの教育のためのマンガという前提においては、内容の正確性や学問的裏付けが必要であることは当然と考えられます。

ただし、学問的事実とマンガ表現のリアリティーとは、しばしば両立しません。ここでのリアリティーというのは、あくまでもマンガの中のリアリティーです。マンガの中でどう整然とキャラクターが動いているか、キャラクターが矛盾なくマンガの中で動けるか、行動しているかという意味でのリアリティーですから、現実の意味でのリアリティーとは違います。

読者がマンガに求めているものは何でしょうか。マンガの作りというのは、読者が求めているものに狙いを定めて作っていきます。ですから、これは大衆文化と商業主義・資本主義との切っても切れない関係です。つまり、商売ですから売れないといけません。売れるためにはどうするかというと、読者が求めているものに応えるということです。そういう考え方がどうしても入ってこざるを得ないのです。

そこで『学研まんが　NEW日本の歴史』を例に取ってみます。編集部に送られてきた読者ハガキの感想から、読者が歴史学習マンガに求めているものを見てみると、大きく以下の四点に分類できます。

①親子で安心して読める。

②歴史の大きな流れが理解でき、役に立つ。

③登場人物のキャラクターが、いわゆるイケメン・美女といった今風の絵柄で、子どもにはなじみやすい。

④オールカラーのマンガで美しい。

読者がどこに重点を置いているかと言えば、①と②だと思います。親子で安心して読めて、歴史の流れが理解できて、役に立つというようなことが大きいです。では、③のマンガのキャラクターについてはどうでしょうか。

二〇一三年五月三一日付の『朝日新聞』大阪版の夕刊に、ある記事が載りました。この記事の中で京都国際マンガミュージアムの研究員である伊藤遊さんが述べられたことを紹介します。この方はおそらく日本で学習マンガを研究している数少ない研究家だと思います。

この記事では、最近の歴史学習マンガの中で、歴史人物の像が変わってきているということが述べられています。そして、古い方の絵柄として学研の学習マンガ(旧版の『学研まんが　日本の歴史』)を、新しい方の絵柄としてポプラ社の学習マンガ(『コミック版　日本の歴史』)を代表として紹介しています。

同じ西郷隆盛を扱っていますが、新しい絵柄は顔がイケメン風だということです。それまでの絵柄は、どちらかというと本人に似せているというか、史実に近い顔立ちをしていますが、新しい絵柄はイケメン・美女風になっているということです。このことは、今の読者には新しい絵柄でもだいじょうぶだということを示しています。

この記事は、学習マンガは正しさよりかっこよさが求められてきている、歴史人物のイメージが変わってきているのではないかということを述べているのです。では、これがいいのかどうかという問題ですが、マンガの読者が、絵柄に求めているものは何かということと密接な関わりがあります。学習マンガの本分からすると、学問的裏付けがなければいけないわけですが、その点から言えば、イケメン・美女は歴史的事実とは異なります。

そこで『学研まんが　NEW日本の歴史』の制作前に親子のアンケートを取りましたので、それを参考に考えてみます。

本の制作をする前に、マーケットリサーチをやるのですが、従来の学習マンガの絵柄と、現代的な絵柄を並べて、幾つか候補を出して、どちらがいいかというアンケートを取りました。そうすると、回答が五分五分だったのです。つまり、古いマンガの絵柄でもいいという結果だったのです。しかし、現代的なコミック・アニメ・ゲームの絵柄でもいいということです。

これには非常に困りました。どうしたらよいのか。学習マンガというと、それまではある決まった絵柄しかないですから、学習マンガはこういうものだという子どもたちの刷り込みもあったと思います。どちらの絵柄にするか迷った末、結果として、どうせ新しく制作するのなら今風にしようということにしたのです。

今風の絵柄にしたもう一つの理由があります。

小学校や中学校の教科書に載っていた人物像をいくつか例にとりましょう。三〇代以上の方たちにとっては、足利尊氏・武田信玄・聖徳太子・源頼朝は、ある一定のイメージとして刷り込まれているのではないかと思います。しかし、これはあくまでもイメージなのです。学問的にはだんだん違うというふうに言われつつあります。

中でも、かつて足利尊氏と言われていた像は、今や「足利尊氏像」として載せている教科書はほとんどないと思います。「騎馬武者像」としています。この絵は京都国立博物館が所蔵していますが、今は高師直(足利尊氏の執事)の像だと言われているのです。

次に、高野山成慶院にあります有名な「武田信玄像」とされている絵も、今では違うと言われています。これは長谷川等伯という有名な画家が描いた絵ですが、畠山義継という能登(石川県)の守護だとされています。もともと長谷川等伯が能登出身なので、そこの守護を描いたのではないかと言われています。今では「武田信玄像」としてこれを載せている教科書はほとんどなくなりました。もう一つ別に高野山持明院に痩せぎすの武田信玄の像があるのですが、今ではこちらの方を使うことが多いようです。

それから、宮内庁に所蔵されている「聖徳太子像」です。かつては一万円札の肖像にもなったこの有名な絵は、今でも聖徳太子と言われていますが、はっきり聖徳太子とは断言されなくなりました。「伝聖徳太子像」というふうに呼ぶようになりました。これも、聖徳太子ではないという説が出ているからです。

そして、似絵の傑作とされる有名な神護寺の「源頼朝像」です。これも少し前に話題になり、結論はついていませんが、源頼朝ではなくて、足利直義(足利尊氏の弟)の像ではないかと言われています。今では「伝源頼朝像」とされています。

こうして見ると、近代以前の歴史人物というのは後世の作られたイメージとも言えるのです。だから、顔写真が残っている幕末から近現代の人物は別として、それ以前の人物については、絵画資料(彫刻資料もありますが)しかありません。われわれはそれを見て、「ああ、これが頼朝だ」とか、「信玄だ」というふうに思っているにすぎないのです。

そして、その絵画資料が実は確実ではないわけです。誰も本人を見たことがないし、知らないのですから、これらは後世の作られたイメージである可能性は大きいのです。その点で、最近のはやりであるアニメやゲームに出てくるイケメン・美女の歴史人物キャラクターと、そう大差はないとも言えます。

そして、読者が何を見たいかということと関係してきます。映画やテレビの観客も含めて読者は、やはり美男・美女を見たいのです。映画とか、テレビでもそうだと思いますが、スターやキャラクターの魅力で集客力を図ることが商売的には重要です。例えばＮＨＫの大河ドラマの主人公だった新島八重は、実際は演じていた女優のようなイメージではありませんでした。だからといって、視聴者が実際の人物のようなイメージを求めているわけではないと思います。そうした点で、人物を美化しなければいけないということがあるのです。

そしてマンガのキャラクターについて言えば、顔写真が残っている人物については、実際にそういう顔だったのですから、それをあえてまったく変えるわけにはいきません。しかし、多少の考慮はしますが、マンガ的なデフォルメはあり得るのです。

54ページの図は、私が制作した『学研まんが　ＮＥＷ日本の歴史』のキャラクターの造形です（図①卑弥呼・②聖徳太子・③源頼朝・④足利尊氏・⑤坂本龍馬・⑥平塚らいてう）。何となく、そう言われればわかる、という人物も中にはあるかもしれませんが、こういう感じにしました。読者の方からは好評をいただいています。

以上のことから、学習マンガと時代考証との関係を考えますと、キャラクター造形の考証に重きを置くのではなく、マンガとしての面白さと、事実との整合性を図るために時代考証が必要になるのだと思います。読者にとって、キャラクターのリアルさより、ストーリーや歴史背景のリアルさがより重要なのです。

読者はそこを求めています。確かな時代考証のディテールが積み重なっていくと、作品全体の質が高くなって、読者の満足度も高くなります。さらにマンガとしての面白さが出せないと、商売的に売れませんので、売れるマンガにするためには面白いストーリーやフィクションの部分が必要になってきます。学習マンガの場合はさらに、子どもに

図① 卑弥呼（絵＝姫川 明）

図② 聖徳太子（絵＝河伯りょう）

図③ 源頼朝（絵＝清瀬のどか）

図④ 足利尊氏（絵＝小坂伊吹）

図⑤ 坂本龍馬（絵＝アサミネ鈴）

図⑥ 平塚らいてう（絵＝氷栗 優）

理解させるためや内容をよりわかりやすくするためのフィクションということもあります。そうしないと子どもがわからないとか、子どもに理解させるためにはこうした方が面白いというようなことがあります。

そういうことを不自然に見せず、リアルにするために時代考証が必要ではないかと考えています。これはテレビや映画でも同じだと思います。視聴率とか、観客動員数とか、興行成績とか、そういうものと作品は直結しています。大衆文化と商業主義は切り離せないということです。

あと、マンガにカラーが必要かという問題です。さきほどのアンケートではマンガはカラーでなくてもいいという人がいましたし、保護者の回答では、モノクロでよいという意見がむしろ上回ったりしています。しかし、韓国の学習マンガがカラーで、しかもアジアを席巻しているという状態がありますので、マンガのカラー化はある程度は仕方がないと思っています。

日本の歴史では、色の資料が残ってない部分もあり、カラー化というのはもろ刃の剣です。できるだけ、復元模型や絵画史料などで類推したりしますが、あくまでも想像です。

図⑦　十二単（絵＝城爪草）

近・現代は写真資料が豊富にありますが、残念ながらほとんどモノクロです。モノクロから、資料を集めて色を類推するしか方法がありません。いろいろ調べればわかるのですが、資料集めに大変手間がかかります。特に古代の色は再現するのが難しいところです。例えば平安時代の第三巻（図⑦）の衣装の十二単の色です。この衣装の色は、実は正確ではありません。この巻の監修の先生が、有職故実に非常に造詣の深い方だったものですから、古代の色の再現をするように言われました。しかし、発色の技術的な面があって、マンガ家がなかなか正確に描くことができませんでした。そこで、先生には何とか妥協していただいたのですが、微妙に違う古代の色を再現するのはなかなか難しいということがあります。

マンガならわからないところは描かなくてもいいのですが、画面がスカスカになるのは避けたいところです。コマの中で人物しか描いていないという、いかにも手を抜いたマンガがありますが、こういうマンガは読んでいても面白くありません。そこで、マンガの画面に密度を出すために、あるいは緻密に表現するためには、時代考証が大変重要になってくるのです。

三　なぜ今、日本の歴史なのか？ ―時代考証学会への期待―

以上のような考え方に基づいて、時代考証学会の全面協力をいただいて『学研まんが　NEW日本の歴史』は制作されました。では、この時期になぜ日本の歴史の学習マンガを出したのか。ここで、その意義を考えてみたいと思います。

『学研まんが　NEW日本の歴史』の制作意図は何かということは、監修の大石学先生が「監修の言葉」の中で語られていることに凝縮されています。ちょうど時期的には3・11の東日本大震災がきっかけだと思いますが、日本人や日本、そして日本の将来をもう一度見つめ直す、そういう時期にきているのではないかと多くの人が関心をもっています。その時に何をよりどころに見つめ直すのかと言えば、やはり過去に学ぶということです。日本の歴史を学ぶことが未来の展望を開くのだということです。

さて、そこで私が時代考証学会に今後、期待することですが、勝手なことを申し上げます。

時代考証というのは、いろいろな学問の体系化・総合化だと思います。なぜかと言えば、今、学問は非常に細分化されています。専門性が高くなっています。だから、大家と言われる方でも、全部を見ることは不可能です。一人の大家に任せられる時代ではなくなってしまいました。かつてはそういう方がいらっしゃいました。もっとも、その方が正しいのかどうかは、別問題ですけれども、その人しかいなかったという事情もあります。

ですから今や、学問同様に時代考証はさまざまな人間が関与するようになっています。服装や食べ物や建築などの専門家にお願いしないといけなくなりました。そして、そういう方たちを取りまとめなくてはいけません。お願いをするこちら側の勝手で言えば、まとめるのが大変で都合が悪いのです。そこで、時代考証の資料が全部まとまって体系化・総合化されているものがあると、調べる私どもにとっては大変に便利です。

そのために画像データベースの構築をお願いできないでしょうか。服飾・食生活・住居・建築・風俗などの画像の検索閲覧が可能なものです。キーワード検索で、例えば「江戸時代の髪型」とキーワードを打ち込むと、その画像がパッと出てくるようなものです。有料でも構いません。これを作るためには大変なお金がかかると思いますが、大いに意義があるのではないかと考えます。こうした画像データベースが必要な理由は、ほかにもあります。

今、マンガ家がどんどん若くなっています。若くなっているということはどういうことかというと、歴史マンガを描けない人が増えているということです。なぜ描けなくなったのかというと、いろいろ理由はありますが、先ほどの報告にも出ましたが、時代劇は今、テレビではもうほとんど絶滅状態です。ＮＨＫぐらいしかありません。たまに特集で二時間ドラマみたいな形で特別番組はありますけれども、それ以外はほとんどありませんから、時代劇を見たことがない若いマンガ家が増えています。

その結果、着物の左前、刀の差し方すらわからない人もいるのです。私どもはその人たちを指導しなければいけません。あるいはそれを何とかしながら、マンガを描かせなければいけないのです。ですから、画像データベースがあると実に都合がいいのです。

それとあともう一つ理由があります。作り手側、つまりマンガ編集者のほうも若い人がどんどん入ってきます。そうすると、学校で日本の歴史を学ぶのが中学生までで、あとはやってこないという人がいるのです。なぜかと言うと、現在は高校で日本史が必修ではないからです。東京都は今度必修になりましたが、高校は世界史が必修ですから、日本史を履修しなくてもいいのです。そして、大学も日本史とは関係のない学部の出身者だとすると、日本史の知識は中学までという人が、現実に出てきます。編集者の中にもたくさんいます。

だから、マンガ家に歴史マンガを描かせた場合、それが正しいのか判断ができない、そういう編集者が出てきてしまう事態が、これからどんどん増えるだろうと思います。そこで、データベースが必要になってくるのです。

エピローグ　今後の学習マンガの役割

最後になりましたが、『学研まんが　NEW日本の歴史』に限らず、子どもたちにとって、手軽に知識を得られる学習マンガは、今後も一定の需要があると思います。そして、学習マンガの役割は、読んだ後に子どもたちがさらにそこから出発して、本格的な知識を得ようと考えてくれるきっかけを与える案内役だと思います。私たち編集者は、そのための重要な役割を担っているのだということを、肝に銘じていく必要があると考えています。

ドラマ美術と時代考証

岸　聡光

はじめに　―ドラマ美術とは―

本稿においては、ドラマ制作において果たす美術の役割や、時代考証の必要性、時代劇制作における様々な技術に関する問題について、表現におけるリアリティの追求という観点から、筆者自身の経験に基づいて述べていくことにしたい。

まず、ドラマ制作における美術とは何かということについて、筆者の見解を以下に述べる。

ドラマ美術とは、台本の空間イメージを具現化するために、プロデューサーの制作意図を確認し、予算の検討、演出家との意思疎通を図り、デザインプランを作成し、その実施にあたり時代考証、建築考証、風俗考証、地域特性をできる限り精査し、劇空間を創作することであると筆者は考えている。

ドラマ制作に当たっては、各分野の考証に当たる専門家と検討を重ねていくことでよい情景を造り、そして、そこを舞台とすることでよい芝居が演じられるのではなかろうか。

筆者が二〇一三年の大河ドラマ『八重の桜』を担当することになったのは、二〇一一年の夏のことであった。『八重の桜』を例として、ドラマ美術の進め方について述べると、まず、プロデューサーを中心として、ドラマの制作意図を明確にするためのディスカッションが行われる。大河ドラマにおいては、歴史を題材とすることで、歴史と現在を重ね合わせ、そこに制作者からのメッセージを重ね合わせていく、ということも重要である。

同年三月には東日本大震災という大変な災害が発生しているが、東北地方の歴史を振り返れば、幕末から維新にかけて戊辰戦争、特にドラマの舞台となる会津では会津若松城の籠城戦を含む会津戦争という大変な試練を乗り越えている。過去の試練に際しても、決して折れたり挫けたりしない強さがあったのではないか。ゆえに、今回の未曾有の大災害も必ず乗り越えていける、といったメッセージを伝えていくことが、『八重の桜』の制作に当たっての基本的な方針として定まった。

次に演出を担当するディレクターと、演出に際して必要となる美術のデザインプラン作成のためのディスカッションを行う。『八重の桜』では、二六〇余年にわたる江戸幕府の終焉と王政復古、さらに、戊辰戦争などの幕末・維新をめぐる混沌とした状況の下、会津藩も含めた旧幕府軍が最後の抵抗を示すも新政府軍に大敗して、明治という新たな時代へと日本は歩み始めていく。ペリー来航からわずか十数年間に繰り広げられたこの激動の歴史ドラマを映像化するには、建築や風俗をはじめとする各考証の専門家と検討を重ねて、予算の制約の範囲の中で、できるだけよい情景を造るためのデザインプランを作成した。

例えば、八重（山本八重、後の新島八重）の山本家の美術設計では、地域の特性を反映させるために、現地を訪れて調査を重ねた。まず、会津藩の歴史や、代々受け継がれた士風、時代背景の考証から始め、現地で幕末の会津若松城下を記録した「若松城下絵図」をたよりに、郭外・郭内を調査した。会津藩の軍事取調役兼大砲頭取を務めた山本家の跡地である米代四之町《よねだいしのちょう》を調査したところ、その敷地が縦長であったことが明らかになった。敷地が縦長であったことについて、兄の山本覚馬が出石藩士川崎尚之助（八重の最初の夫）を招き、新式銃の研究開発や砲術の稽古もこの屋敷で行われた可能性も考慮し、確たる資料は存在しないものの、物語として中庭に半地下式、周囲を土盛りした角場（試射場）を創作することにした。屋敷構えは四周に塀をめぐらし、表門・前庭・母屋・角場を挟み離れ座敷、土蔵を設置した。他に作業エリアとして機織り、染物小屋、家庭菜園を設けた。

他の事例としては、京都編のメインセットになる新島襄と八重の新居である「新島邸」と、京都薩摩藩邸跡地に建てられた「同志社英学校」のデザインプランを挙げたい。「新島邸」と「同志社英学校」は、京都市寺町通りの京都市有形文化財、新島旧邸と群馬県前橋市の共愛学園に現存する群馬県重要文化財の宣教師館を参考としてデザインプランを実施した。この宣教師館はアメリカン・ボード（同志社を支援していたアメリカの宣教師団体）によって建設されたが、一階が事務室、二階は住居スペースとなっている。この間取りを参考に、新島邸と英学校は一部分の模様替えで共通の建物として、同じセットでの撮影を行うことになった。

一　時代劇における時代考証の必要性

まず、時代劇など、歴史を題材とするドラマを制作する上で時代考証が必要である理由について述べたい。ドラマ制作上、十分に注意しなければならないのは、間違った史実を描かないことで、視聴者を混乱させないように努めることであると考える。創作とはいえ歴史を題材としているのであれば、史実と創作の区別・整理を明確にしなければならないであろう。ゆえに、ドラマの制作に当たっては、描こうとしていることは、資料などで根拠を明らかにすることができることなのか、十分に検討する必要がある。またケアレスミスをしていないか、事実や資料の存在を知らないために誤った判断をしていないかなどを、常に確認しなければならない。そのためには、それぞれの考証作業が時代劇を制作していく上で不可欠となると考えている。

以下に、『八重の桜』において、時代考証に基づいて議論・検討が行われた事例を挙げる。

1 第一回における検討事項 山本家の角場、会津若松城

前述の山本家に角場を設けるということについて、敷地が広いとはいえ、実弾射撃を行うことを念頭に置いて、稽古に使用する銃・銃弾はどうしたか、火薬の持ち出し、保管のための焔硝蔵などの観点から、屋敷内試射場の可能性を考証会議で模索した。

他には、会津若松城に関する問題がある。例えば、天守閣の高欄の色である。現在の天守は一九六五年に鉄筋コンクリートで復元されているが、このときの復元資料では天守五層の高欄は朱塗りでの復元となっている。『八重の桜』でのCG制作用に、事前に集めた資料では朱塗りであったが、実は、現在の天守の高欄は黒塗りとなっている。これは、二〇一一年に、江戸時代の会津若松城の姿を復元するために瓦を黒瓦から赤瓦（凍結による割れを防ぐために釉薬を用いた赤色の瓦）に葺き替えるなど、城址公園の整備が行われた際に、高欄も朱塗りから黒塗りに改められたためである。

『八重の桜』の舞台となる幕末では、高欄の色はどちらであったのか。この点について、建築考証を担当された平井聖氏に確認したところ、上述の城址公園整備の際に、江戸時代の会津若松城に関する新たな史料が見つかり、黒塗りであったことが確認されたため、朱塗りから黒塗りに改められたということであった。このため、『八重の桜』では、現在の天守と同様に黒塗りの高欄と赤瓦で会津若松城を描いている。

2　第二二回における検討事項　薩摩藩屋敷

ここでは、西郷隆盛と勝海舟が会談して江戸城無血開城を取り決めるという有名なシーンが登場する。実際には、田町の薩摩藩蔵屋敷があるのは海辺の平地である。ところが台本では、勝が西郷に「この江戸を火の海にしてもいいのか」と問いかけ、このセリフの後に障子を開けると江戸の街並みを一望できる、あたかも高台から見たような風景が広がっているという設定となっていた。ドラマとしてはわかりやすく説得力があるが、田町には勝・西郷会談の記念碑もあり、田町で会談が行われたという史実は動かし難い。考証会議においても、実際は、薩摩藩の蔵屋敷は街並みを見渡せる場所ではなく、窓を開けたとしても、周囲の蔵か、せいぜい海が見える程度の情景であったのではないか、という結論となった。しかし、この場面ではドラマとしての視聴者に対する説得力を優先し、史実とは異なることを承知した上で、江戸の街を一望するという描写とした。ただし、こうした考証会議における議論を踏まえた上でのドラマ制作であることを視聴者に伝えるために、番組の終わりの「八重の桜紀行」において、田町の記念碑の紹介や、西郷と勝は愛宕山でも会ったとする説もあるという説明を加えてフォローを行っている。

3　第三八回における検討事項　西南戦争決戦シーン

ここでは、西南戦争、特にその重要な局面となった田原坂における決戦のシーンが描かれた。後半の重要な回という番組事情もあり、台本では、巡査隊として佐川官兵衛（元会津藩家老）と藤田五郎（元新選組斎藤一の変名）が田原坂で西郷軍と激突することになっていた。しかし、考証会議では、台本における設定は史実とあまりにかけ離れていて無理がありすぎるとの指摘が続出した。史実では、剣術に秀でた巡査などを中心に編制された「抜刀隊」が西郷軍を破るなど、田原坂の戦いが大詰めを迎えていた三月一五日前後は、佐川は田原坂からは離れた阿蘇の二重峠付近で巡査隊を指揮して西郷軍と戦闘中であり、同地で一八日に戦死している。また、藤田（斎藤）に至ってはいまだ東京にあって、九州に到着するのが五月であったため、佐川・藤田（斎藤）が田原坂で西郷軍と戦うということは、ドラマとしての創作の範囲を超える、というものであった。

こうした議論を踏まえ、佐川と藤田（斎藤）は登場するが、田原坂といった具体的な地名や戦闘が行われた日時は一切示さず、単に「戦場」における「政府軍」と「西郷軍」の戦闘という架空の場面を設定した。

二 「時代」感の表現

時代劇など、歴史を題材とするドラマの撮影では、劇中において年中行事や儀式が描かれることがしばしばあるが、その的確な表現、舞台のしつらえ、席次、式の進め方などに十分注意を払い、できる限り正確に再現することを試みている。それは、こうした年中行事や儀式にその時代の特徴が示されることも多いためである。また、年中行事や儀式の中でも、現在も続いている結婚式などはともかくとして、すでに断絶してしまった武家の元服式などは、研究者による解説や図解に基づいて、芝居と史実を比較しても違和感のないように撮影をしている。

例えば、『八重の桜』の第九回では、京都御所に松平容保が孝明天皇に着任の挨拶のために参内して、天皇から御《おん》衣《ぞ》（天皇や身分の高い人の着衣を敬って言う言葉）を賜る場面があるが、その際の手順・動作・席次については、考証会議で入念に議論をして決定した。

この会議では、御簾《みす》の扱いについても議論の対象となった。歴史ファンであれば、この奥に天皇が鎮座されていることは理解していると考えられる。ところが、このしつらえがわからないと、単にすだれが映っているとしか見えず、なぜすだれが映っているのか、その理由がわからない視聴者が出てくることが懸念された。ゆえに、他の御所のシーンでは、演出上の判断により御簾を巻き上げての撮影も行われた。このような儀式・儀礼の再現は、先例をわきまえつつ、現代の視聴者にも理解してもらえるような工夫が必要となることがあり、史実を忠実に再現できない場合も出てくる。

一方で、技術の進歩により、従来よりも正確な再現が可能となることもある。例えば、江戸城の本丸御殿である。本丸御殿には、表・中奥・大奥の区分があり、その規模や機能などについて多くの資料も残されているにもかかわらず、スタジオでは面積の制約があり、到底再現することができない。本丸御殿の大広間の広さは約三〇〇畳であるが、撮影を行うスタジオが約一八〇坪程度の広さであるため、大広間を再現しようとすると、畳は二五〇枚程度しか入らないため、大広間の一部分を切り取り、障子を締め切った室内空間の再現とせざるを得なかった。しかし、CGを効果的に使用することで、廊下や庭なども含めた再現が可能となり、よりリアルな空間を視聴者の想像のみに依存することなく表現できるようになったのである。

三　時代らしさ

前述の「時代」感の表現と共通する問題であるが、時代劇の場合、時代考証に基づき「その時代らしさ」を表現することが重要になってくる。ゆえに、撮影に際しては、できる限りの努力が「時代らしさ」の表現に振り向けられるが、さまざまな現実的問題により、すべての考証の成果が反映されるものではない。そうした現実の制約の中で、正確な情景を創るためには核心的な要素の選別が必要である。

立体としての「時代らしさ」の表現とは、例えば、室内の整理整頓などの些細な部分に表れる。江戸時代と現代を比較すると、当時は、現代のように室内にモノがあふれているのではなく、武家の屋敷では私室であっても必要なときに必要なものを出してくるといったように、整理整頓が行き届いていて、通常は何もない空間であった。しかし、これではあまりに生活感が希薄に見えてしまい、ドラマの舞台としての説得力が低下するという問題が生ずる。そこで、史実とは異なるが、居間であっても書斎のように本を山積みにし、昼でも行灯を道具として部屋に置くなどの演出が必要となる。

他にも、現代住宅の建具はドアが多く、障子や襖《ふすま》がある住宅は稀になってきている。建具がドアなのか、障子や襖なのかということだけでも動線(建物の中を人が自然に動くときに通ると思われる経路を線で表したもの)は変化する。住宅事情をふまえると、視聴者が納得できる「時代らしさ」も変化していくものなのかと現場で感じることもある。現代人が納得し、理解できる「時代らしさ」を表現するためには、決まりごとだけではなく、時代に即した現実感も必要となるだろう。

四　時代劇撮影におけるロケーションの問題

ドラマの撮影は、スタジオ内のセット撮影のみで完結することは稀で、ロケーション撮影が必要となる場合もしばしばある。ところが、現代の日本で時代劇をロケーション撮影すること自体に無理があると言わざるを得ない。そこで時代劇のロケ撮影には、定番として現代建築物が少なく、自然も適度に残されている寺院や神社が欠くことのできない貴重な場所になっている。武家屋敷、町場となるとさらに限られてしまうため、京都の撮影所や時代劇オープンセットのある歴史再現施設でロケ撮影が行われているというのが現状である。

以下に、『八重の桜』におけるロケーション撮影を事例として挙げたい。

1　第一回　会津若松城の戦闘シーン

会津若松城における北の出丸での戦闘シーンが第一回で描かれているが、このシーンには、重要な意味があると考えている。それは、会津藩が朝敵として攻められ、籠城して激しい砲撃にさらされた挙句、無念の降伏・開城に至る決戦を描くものであり、八重の会津人としての気持ち、誇り、そしてこのあと背負っていく思いを表現するには、過酷な戦いを再現することで見えてくるものではないか、と考えたためである。

それにはリアルな情景が必要となるが、現在の北の出丸はアスファルトで舗装された道路、武道館などの現代物と桜並木が多く、会津戦争当時を再現することはきわめて困難である。そして何よりも城址には貴重な文化財も数多く残されているため、火や火薬を多用する戦闘シーンを現地で撮影することは難しい。このため、地元からの要望としては、ぜひ、会津若松城でロケ撮影をしてほしいという声も高かったが、オープンセットを別に製作して、城下の屋敷や天守、堀を合成するという撮影となった。ただし、西郷頼母（会津藩家老）が大広間に向かうシーンの中の鉄門《くろがねもん》から本丸御殿への道中は現地で撮影している。

2　第七回　京都黒谷戒光明寺

第七回では、京都守護職となった会津藩主松平容保の本陣として京都の黒谷金戒光明寺が登場する。金戒光明寺には当時の建物も現存しているが、『八重の桜』の撮影時は、ちょうど山門の修復工事が行われていたため、現地での撮影は不可能な状況であった。また、金戒光明寺の建物は現存していても、山門を一歩外に出ると、現代の京都の街並みが広がっているため、この点からも、やはり、金戒光明寺でのロケ撮影は困難であると言わざるを得ない。このため、千葉県香取市にある寺院を光明寺として、参道・庭園をロケ撮影し、大広間はスタジオでセットを製作して撮影した。

なお、余談ではあるが、放送終了後に視聴者から床絵《とこえ》(床の間に飾る絵)の龍虎図について、問い合わせが寄せられた。容保の背後に置かれていたこの床絵は、実際には存在しておらず、龍の眼力を守護職の象徴として広間上段の間に置いてはどうか、というアイディアに基づいて用いられた。実は、この床絵は江戸時代の絵師である曾我直庵(安土桃山時代から江戸時代初期にかけて活躍した絵師)の龍虎図をモチーフとして、二〇〇二年の大河ドラマ『利家とまつ』で製作されたものを使用したため、視聴者の中には見覚えのあった方がおられ、問い合わせをいただいたようである。

『八重の桜』の撮影時ではないが、ロケ撮影に関する問題について、筆者の経験に基づいて事例を挙げると、二〇〇三年の大河ドラマ『武蔵』における「巌流島の決闘」がある。「巌流島」として知られる山口県下関市船島であるが、実際に現地を訪ねてみると、見渡すかぎり、対岸のビルやコンクリート護岸などの現代建築物に囲まれ、近海を大型船がひっきりなしに航行しているという状況であった。これまで制作された宮本武蔵を題材とする作品では、巌流島とは、武蔵を待つ小次郎が海原を見つめている絶海の孤島のようなイメージがある。ところが、現在の船島(巌流島)の状況は、きわめて現代的な情景で、一般に「巌流島の決闘」として抱いているイメージとは大きくかけ離れている。やはり、現地の方からは、ぜひ本当の「巌流島」でロケ撮影を、と望まれたが、不可能であると言わざるを得なかった。

このため、船島から下関・赤間関の位置関係を見て、これと類する地形を小倉・下関近辺からさらにエリアを広げて探してはみたが、時代劇の撮影場所として成立するような島を見つけることはできなかった。なかば諦めていたところ、熊本県天草からロケーション情報をいただき、天草の牛深という場所ではどうか、とのことであった。現地を訪れて確認したところ、天草の浜を船島とし、沖の島を下関に見立てることで、豊後領「向島」、長門では「船島」と呼ばれた関門の島、いわゆる「巌流島」での決闘場面が撮影できた。

五　時代劇制作の可能性

江戸城本丸御殿の再現などでも述べたが、CGなどのデジタル合成技術の発達により、精度の高い画像処理が可能となり、制約の多い時代劇こそ効果的に活用することで、より魅力的な表現が期待できる。

会津の桜の大木がある。これは、『八重の桜』で、兄の出迎えや弟の見送り、樹上から八重が街道や磐梯山など会津の風景を眺めていたほか、最終回では帰郷した八重と西郷頼母の再会の場となるなど、折に触れて度々登場する。この情景は、草原の中に創られた鉄骨と強化プラスチック製の造形物とデジタル合成によるものである。この桜の大木は、いくつかの候補地から栃木県内の牧場に設置した。春満開の花や、初夏に生い茂る緑葉、冬枯れの枝、正面の磐梯山、桜守の番屋、京へ向かう藩士の行列など、CGや合成技術を駆使することで、時間的な制約の大きい撮影期間の中で、実際の撮影の季節に関わらない自在な映像表現が可能となった。

また、京都御所建春門前において孝明天皇が天覧された馬揃えのシーンでは、オープンセットとスタジオ撮影を合成した。実写では再現不可能な場面ではあるが、デジタル技術によりさらに迫真の表現が可能となった。しかしその一方で、これまではほとんど映らないことなどを理由にあまり注目していなかった孝明天皇の席も再現する必要が生じ、様々な資料に基づいて、孝明天皇の席の様子はどのようなものであったのかについて考証会議で検討を重ねている。

このように、技術の進歩により、より魅力のある映像表現が可能になる一方で、細部にわたって精密な再現が求められる機会もより増えていくことになるのではなかろうか。

六　時代劇の継承

最後に、時代劇の制作に当たって必要となる様々な技術の継承について述べたい。

現代では生活スタイルが変化し、視聴者の趣味・嗜好など、娯楽の多様化がテレビ時代劇の減少の原因とされている。しかし、ひとつの事象を時系列で結びつけて描いていくことができるのが歴史ドラマの醍醐味なのではないだろうか。ゆえに、丁寧に創りこまれた歴史ドラマ・時代劇を制作していくことが、これからの番組制作に求められているものと筆者は考えている。史実と創作という実と虚の異なる位相の一体化が、魅力的なドラマ創作には必要不可欠ではなかろうか。

ＮＨＫでは、大河ドラマを代表とする「歴史ドラマ」と、木曜時代劇などの「時代ドラマ」があり、「歴史ドラマ」では史実を重視した上で、歴史を題材として現代社会にメッセージを伝えることを、「時代ドラマ」ではエンタテインメントとして視聴者がより気軽に楽しめるドラマを作ることを目指しているともいえる。そして、この二つを継続して制作できたことが、「歴史ドラマ」や「時代ドラマ」の舞台となる古代から昭和・現代に至る様々な時代の情景製作道具（大道具セット、小道具）の維持や、結髪・衣装・化粧といった、ドラマ美術に関わる「職人仕事」を継承することができた最大の要因である。こうした技術は、いわば「人」から「人」へと受け継がれていく要素が重要であるため、一度断絶してしまうと、それを復活するのは大変に困難である。

さらには、「人」のみでなく、「モノ」の問題もある。八重が力自慢で担いでいた米俵や、わら靴などのわら製品は、作り手の減少で近年ますます入手が困難な状況となってしまっている。

また、建築物や合戦をCGで再現しようとした際には、CG制作スタッフは、必ずしも歴史に造詣が深いわけではないため、リアルセットや合戦シーンの経験者による適切な指示は必須である。すなわち、ドラマ美術に関わるスタッフ全員が、あらゆる知識を共有しているということではない。ということは、いわば「職人仕事」を経験したスタッフが現場を引退する前に、その知識・技術を継承する必要があり、これは喫緊の課題であるともいえる。

『八重の桜』における「モノ」に関する問題としては、大砲の台車の製作があった。八重は、会津籠城戦をスペンサー銃で戦い抜いたという経験をしており、『八重の桜』では、八重のスペンサー銃をはじめとする武器も重要な小道具であった。幕末・維新の戊辰戦争当時に使用された武器は、戦国時代以来の火縄銃や、旧式の洋式銃であるゲベール銃、新式の洋式銃であるエンフィールド銃や、八重の用いたスペンサー銃、会津藩が購入しようとしたツンナール銃など、様々な種類がある。さらには、大砲についても、旧幕府軍と新政府軍の双方が用いた臼砲や四斤山砲、薩英戦争や会津籠城戦で有名なアームストロング砲など、小銃と同様に多くの種類がある。『八重の桜』では、こうした小道具としての武器もできるだけ正確に再現することにより、ドラマによりリアリティを持たせることを試みた。

その中で、大砲の台車として用いるための荷車の車輪を作ることが、現在の日本ではすでに難しくなっている。鉄や強化プラスチックなどでそれらしく作ることはできるが、実物の持つ機能や風合い、質感を再現するため、北欧ラトビア共和国の美術製作会社に依頼して木製の車輪を製作した。

このように、CGやデジタル合成などの新たな技術によって、より幅広い映像表現が可能になる一方で、「人」や「モノ」など、「アナログ」な技術が急速に失われかねない瀬戸際に、時代劇の制作現場は立たされているという現状がある。

時代劇の制作においては、伝承は伝承として受け継ぎ、新たな創造も取り入れて次世代へと受け渡していきたい。まさに日本の文化を象徴するもののひとつである時代劇制作では、歴史研究者の協力と作り手のさらなる挑戦から、良質のドラマを生み出していくことができるのではなかろうか。

時代劇メディアにおける演じ手の役割

宍戸　開

はじめに

私は一九八八年に大河ドラマ『武田信玄』でデビューして以降、時代劇をはじめ、多くの作品に出演してきた。また、俳優以外にも五影《いつかげ》開という名前で写真家としても活動している。時代劇メディアを通じて歴史を視聴者に伝える、語るという意味において、最前線、一番前に出てくるのが役者ということになる。本稿では、自分自身の経験を踏まえながら、演じ手である役者と時代劇メディアとの関わり方について、私見を述べていくことにしたい。

専門家の重要性

ドラマなどの時代劇メディア制作において、時代考証をはじめとした専門家の存在は、非常に大きな意味をもっている。頼りになる存在である。時代劇の中で演技をする場合、現代の動作とは所作が違ってくる。ＮＨＫの大河ドラマとか、朝の連続テレビ小説など、歴史を扱うドラマでは、演じる前にリハーサルを行うわけだが、そのとき、猿若清三郎先生(日本舞踊猿若流九世家元)たちに、例えばふすまの開け方、閉め方、座り方について指導を受ける。ほかにも、きざな役をやったときなどには、煙管の灰を捨てるときに、どの向きでどう落としたら、それっぽいかなどいろいろ考える。それを手でたたいた方がいいのかとか、そういう細かいディテールを徹底的に追求していく。お芝居上、どうってことはないのだけれども、背景が細々した所がしっかりしていればしているほど、やってるお芝居や物語がしっかりしたもの、上質なドラマになる。もちろん、それだけいいお芝居になるという意味だ。

つい先日(二〇一三年九月二六日)オンエアーされたNHKの科学番組『コズミックフロント』の中で、私は八代将軍徳川吉宗を演じた。以前、西田敏行さんが吉宗を演じられたNHK大河ドラマ『吉宗』に宗尹役で出演させてもらったときは、吉宗に対して「暴れん坊」というイメージしかなかった。松平健さんの吉宗像が強く印象に残っていたのだ。

しかし、吉宗がいわゆる望遠鏡で宇宙を見るのが大好きだったという、意外な一面を知った。望遠鏡と一口に言っても、野山を見る望遠鏡ではなくて、宇宙望遠鏡なので、装置は巨大なものになる。吉宗はそれを器用に扱いつつ、丹念に記録を取り、北極星の位置が毎年少しずつずれているといった細かい所まで天体の動きを把握していた。そうした吉宗の行動に関しては、歴史学者が普通に研究していく中ではなかなかわかりにくく、研究の対象になりにくい部分でもあるのではないだろうか。時代考証学という観点から追究している専門家がいないと、演じる側にとっては知識として重要な情報を取り出せないということになってしまう。そういう時代考証などの専門家の存在や重みは、演じる側として大変心強いものだ。演出家にとっても同じだろう。

役作りの土台

ＮＨＫの大河ドラマや朝の連続テレビ小説、年末の時代劇などに関していえば、役作りのうえで大きな苦労はない。なぜかというと、時代考証や所作の専門家がしっかりと教示してくれるので、そこに乗っかって聞けばいいわけだから。ただし、これが映画とか、普通の民放のドラマになると、そういう専門家の人たちと接する機会はあまりない。出来上がった台本に沿って演技していくことになる。あとは自分の思うとおりに演じるしかない。

日本史を舞台にしたものではないが、映画『テルマエ・ロマエ』（二〇一二年公開）で私が演じたアントニウス、この人は五賢帝のうちの一人で、実在した皇帝である。ハドリアヌスの治世が起伏のある時代だとしたら、アントニウスはどちらかというと平穏な時代、平和を保った皇帝といえる。アントニウスに関しては、誰がつくったかは不明ながら彫刻も残っているし、史実として歴史書にも載っている。インターネットで調べてみても、ちゃんとクリクリ頭の、人相まで把握できる彫刻も確認できる。

撮影でローマに行ったときには、合間を縫って関係の史跡をめぐってみた。良い機会であったし、空き時間とお金の節約も兼ねて。ハドリアヌスに関係した所は結構な観光名所になっていたのだが、アントニウスについては平穏な治世を送ったため、観光名所として残っている所はほとんどなかった。ただ、ローマのちょっと外れた町の中に土塀で作った壁があり、そこにアントニウスがハドリアヌスを神格化したような碑文があるということを知った。そこは地元のローマの人たちがくつろいだり飾り込んである場所ではないのだが、撮影が始まる前に見学に行ってみた。見学に行ったからといってお芝居がどう変わるわけではないのだが、自分自身が演じる人物、役の対象にどれだけ近づけるかが重要だ。だから、役の対象が例えば二丁拳銃の使い手であれば、二丁拳銃の扱いを常日頃練習したり、刀の達人であれば抜き差しを素早くできるようにしたりする。その人物にできる限り近づくということは、私たち役者の大切なテーマだ。その結果、お芝居がうまくできれば言うことはない。

そういう役作りの大変さが映画や民放ドラマの場合にはある。そうしたことは本来であれば、福山雅治さんや、大河ドラマで主役を演じた人が論じるべきことなのかも知れない。私は脇役が多く、大河ドラマで主役を演じたことはないが、その分、いろいろな人たちの演技のアプローチの仕方などに触れ、勉強になることも多い。

大河ドラマの主役をやるとなると、朝の連続テレビ小説もそうだろうが、本当にその一年間、がっちり縛られてしまうというか、どっぷり漬からないとできないほどの役だと思う。取り組み方も尋常ではない。演じ手の一生懸命さもよくわかる。

時代劇のこれから

どのような俳優がどのような歴史上の人物を演じてもいいと思う。現代ドラマにトレンディドラマ、今はいろいろな現代劇が放映されているが、一〇〇年、二〇〇年、五〇〇年先の将来になってみれば、今の現代劇も時代劇になる。だから、いずれ時代考証はなくなるかも知れない。今は映像や音がすべて資料として、確実に残る時代である。五〇〇年後の人が例えば木村拓哉さんの演じた役をリメイクする場合も、木村さんがやったとおりにまねすればいいわけだし、その木村さんに限りなく近い人じゃないと、その役は演じられないというように、演じることがもっとシビアになっていくかも知れない。それを踏まえて、生き残っていかなければならないのが時代考証学だと思うし、演劇学だとも思う。

日本では演劇学を推進したり、国として演劇を応援するといった土壌が少ない。先進国で日本ぐらいではないか。例えば、狭いスペースで広いセットをつくる必要があるならば、国が理解を示し、広い土地の利用を推進していくべきである。日本のように平和過ぎてしまうと、反面で良いものがなかなか生まれない。

民放では以前のように多くの時代劇を放映しなくなった。民放で放映する時代劇は正月の十二時間ドラマだが、はっきり言って十二時間もずっとドラマを見ていられない。もっと見やすく、簡単にする方が良いのではないだろうか。そうしないと、日本の歴史に対する知見、ひいては日本固有の文化そのものが途絶えてしまう。

では、そうしないためにはどうしたらいいかと言えば、やさしくひもといて、おばあちゃん、お母さんが、赤ちゃんに対するように時代劇を見せればいい。

例えば専門用語、時代劇用語があるが、それらを現代語に置き換える。なぜならば、現代の人に見せる時代劇だから。そういう作品を制作していく中で、時には様式ばった、格式ばった、しっかりした時代劇も制作していけば良いのではないか。

「たのしき日々にござりました」

おやじ（宍戸　錠）から演技に関するアドバイスを受けたことは、ほとんどない。一九八八年のNHK大河ドラマ『武田信玄』でも、たまたま共演ということで、二四将の一人という役所《どころ》でもあったことから、一緒にいる機会は多かったのだが、アドバイスは何もなかった。それは別に俳優でなくとも、どんな職業でも一緒だと思うが、心強かったことは確かだ。私は大学で演劇を学んだが、やはり、いざ現場のドラマ、お芝居となると、スピード感であったり、緊張感であったり、そういったものがガラリ一八〇度違って、ついていくのがやっとというか、すべてが真新しいことであった。たまたま体育会、運動部育ちだったため、礼儀だけはしっかり学ぶ機会があり、そのおかげで乗り切れたと思う。役作りということに関しては、NHKの時代考証の方に資料をもらったりしていた。私が演じた塩津与兵衛という人物は、石和温泉辺りに生まれ育った人だと聞いていたが、そういう情報も事細かに資料に書いてあった。

当時の大河ドラマといったら、歌手の方がやっと『NHK紅白歌合戦』に出られたというか、受験生で言えば東大に受かるというような、それぐらいのステータスがあった。今まったくないとは言わないが、それぐらい当時はレベル、ハードルが高かったように思う。ましてや私にとってはそれがデビュー作品。他に経験がなかった。菅原文太さん、児玉清さん、本郷功次郎さんをはじめ、蒼々たる役者さんたちが一つのセットに集結している。そうした人たちを三〇分、四〇分も待たせてしまっていいのだろうかと、ハラハラしながら私は演技をしていた。一方、うちのおやじはというと、いつもふざけてベラベラしゃべっていた。これは恥ずかしくてしかたなかった。

お芝居上のアプローチでおやじから言われたのは、「取りあえず何もするな、居ろ」ということだけ。「動かざること山の如し」ではないのだが、必要最小限にしろということだと思う。どうしてもお芝居するとなると、あれもこれもやらなければということになるのだが、おやじは少ない動作で多くを伝えることの重要性を伝えたかったのだと思う。

また、猿若先生からは姿勢のことをよく注意された。新人の頃はどうしても演技についていくのが精いっぱいで、姿勢が前かがみになってしまう。体育会の後輩が先輩に指導されているときみたいに、ちょっと猫背気味に「はい、はい、はい、わかりました」というような姿勢にどんどんなっていってしまう。「開君もっとデーンと。ちゃんと佇まいをしっかりして、上から何か言われても別に動じることなく、動きは直ちに」と猿若先生。早く動かなければいけないが、へいこらする必要はないよと。

そういう基本的な動作のこと以外で今でも忘れないことは、せりふが一言しかなかったことである。「たのしき日々にござりました」というのが私の唯一の台詞だった。それまではずっと中井貴一さんの近習という役所だったので、お側に居て、野山へ行ったら、おしぼりを渡すというような演技であった。最後、暗殺されそうになったところを私が身代わりになって殺される。矢が当たって死ぬことになるのだが、抱きかかえられたところで「たのしき日々にござりました」と言う。現実だか役だかわからない感じだった。大体、五話分ぐらいしか出演していないのだが、一か月ぐらいの収録で本当にスタッフの方々をはじめ、演じている役者の方々、両方に「たのしき日々にござりました」と言って撮影現場をあとにしたら、帰りにＮＨＫの西口玄関の所に出たら雪が降った。「天気まで私を祝福してくれているのかな」。そんな気持ちで帰ったことを覚えている。

「原虎胤」の演出

二〇〇七年のＮＨＫ大河ドラマ『風林火山』では、武田氏の武将・原虎胤を演じることになった。この役はＮＨＫ大河ドラマ『武田信玄』でおやじが演じていた役だ。今度は息子の宍戸開が演じるということでいろいろと話題になった。原虎胤を演じるにあたって、おやじの演技を確認しようと思ったのだが、ＶＨＳのビデオがなかったので諦めた。おやじが演じた原虎胤は、傷だらけの男で剛毛。簡単に言うとワイルドな感じで、それをそのまま演じれば、視聴者には宍戸錠と同じように受け容れてもらえるだろうと思っていた。私は間違っても二枚目の石原裕次郎さんの子どもではないので。

ところが、主人公役の山本勘助が傷を売りものにしていたので、演出の方からは「開さん、ちょっと傷を控えてくれないか」と言われてしまった。私のイメージでは、傷が売りなのは原虎胤の方だ。山本勘助はどちらかというと西田敏行さんのような印象で、木の陰から様子をうかがうスパイのようなイメージが圧倒的に強かった。だからそこにこだわりたかったのだが、傷を控えるように言われてしまった。こだわりをかたちにできたのは、剛毛の部分ぐらいだったろうか。

前述のとおり、NHKの場合は演技上の大きな苦労はない。きれいなガラスの靴に足を入れるだけでいいという状況が整っている。要求されたものができるかどうかという不安はあるが、演じる上での不安、取り組む上での不安というものはほとんどない。

視聴者の方々が当時を思い出しつつ、宍戸家が演じた原虎胤という役に注目してくれるようであったならば、大変うれしく思う。

思いを演技に

自分が演じることになった役について、以前の作品で別の役者がどのような演技をしているのか、まったく気にしない人もいる。演じることは、チーム競技のスポーツとはやや性質が違う。いくら良い演出家がいようと、いくら良い父親・先輩がいようと、演じるとき、ステージ上で頼ることができるのはその本人、自分自身だけだ。自分で頑張るしかないのだが、演じている感覚、不安感、やろうと思ったことをどうやろうかなど、思うことはいろいろある。

大切なのは気持ちだ。気持ちの入った演技が一番だと思う。

もちろんカメラの位置を押さえたり、ある程度は技術的に演技をしなければならない。ただ、私個人的としては、演じるということは、胃の中にあるガラスの破片を一枚一枚取る作業のようなものだと考えている。特にそれは悲しみや怒りを表現するときに感じる。実際には胃の中からガラスの破片を取り出した経験などはないので、その痛みがどの程度のものかはわからないのだが。演じるということはそれぐらいデリケートなことなのだ。セットや持ち道具などに関して時代考証がしっかりしていればいるほど、そのガラスの破片は取りやすい。というよりも、胃から出すという作業を忘れている間に破片が出ているという感じだ。

そうした感覚を演技として実践できたと思うのは、ＮＨＫ金曜時代劇の『御宿かわせみ』（二〇〇三年）で同心を演じていたときだ。演じがいがあったし、撮影が進んでいくにつれ、自分自身の成長を実感することができた。大河ドラマよりもより庶民感覚に近いドラマなので、数珠の持ち手のことだとか、少し細かいことについても考える。小刀を抜くときは、部屋に居るときも抜いていい時間帯や抜いていい場所などについて考える。時代劇の場合、どの部屋に居ても小刀は大抵つけっぱなしだが、寝るときぐらいは取るだろう。そのときにどう取るのか、どう置くのかなど。それから祝言を挙げるときにはどうするのか。明治神宮などで着られている和装などを参考にして、生活感があるものがよいのかなど、いろいろ勉強になった。

演出に求めるもの

実在した人物の役をやるに当たっては、かなり資料を読み込んだりして役作りに力を入れているつもりだ。

いわゆる時代考証学というものがあるわけだから、小学校五、六年生の子ども、もしくは八〇、九〇歳のおばあちゃんに至るまで、大河ドラマを堂々と見てもらえる。松山ケンイチ君が主演の大河ドラマに対して、映像が汚いという意見もあったが、大河ドラマは現代劇ではない。着物にしても着たきりすずめが多いわけだから、絶対によれていたわけだ。

ただし、映画などに関していえば、もうちょっとターゲットを絞る。多くの人にできるだけたっぷり楽しんでもらおうとする場合には、いかにわかりやすく表現するかが重要になる。役者が現代語を話す時代劇をつくったら、歴史的な事実関係としては、辻褄が合わなくなる。しかし、時代劇という伝統を絶やさないためには、あえて現代語で話すなど、時代劇をわかりやすく表現する工夫が不可欠だ。小学生とか中学生でも、日本史のテストを嫌だなと思ってる人がパッとテレビをつけてみたら、大河ドラマで同じような歴史用語を役者がしゃべっていたらどうだろうか。「なんだよ、テレビまで俺をいじめるのかよ」という気持ちになるだろう。視聴者に緊張感を強いるものではなく、もう少し砕けた感じが必要だろうと思うのだ。

欧米のいわゆる歴史映画を観ていても、あまり昔を意識して台詞をしゃべっている感じがしない。もちろん昔を意識して演じているのだろうが、それを感じさせない。一方、日本の作品の場合は、どうしても現代劇も時代劇も台詞を言っているなと感じることが多い。一人一人にワイヤレスピンマイクを付けて、Aの人が終わったら、Bの人、次Cの人、Dの人、またAの人、あなたの台詞はこれだから、これしか言っては駄目みたいな。

ハリウッドのドラマや映画、フランス映画を観ていても、二人が同時にしゃべっていたりとか、変な相づちが多く入っていたりとか、人間臭さをうまく利用している。確かに観にくくはなる。同じ人が同時に発言したりすると聞きにくい。しかし、リアルな生活の中では、同時に言ってしまうこともある。「あ、ごめんなさい。あなたからどうぞ」っていう一言を、お芝居の中に入れればいいだけのことだから、日本でもそういう作り方をしてほしいと思う。特に時代劇で言うと、もう少しひもといた感じ。それでは現代語だから時代にそぐわないという反論もあるだろう。しかし、そぐわないのはわかっているのだ。では、歴史や文学の専門家も、実際に江戸時代に帰ってそれを見たのかという話になってしまう。世界的に評価されている黒澤明監督の映画でも、時代がかった専門用語をしゃべっているという感じはあまりしない。黒澤映画の基本は、人間ドラマがベースになっているということだ。だから、それを一回少し実験的にやってみるのもいいのではないかなと思う。

専門家はいろいろな記述や史実、資料をもとに勉強して突き詰めた自分なりの分析したものがあるわけだから、十中八九間違いない。それを前提のうえに、もう少しひもといた作り方をすれば、もっともっと多くの方に日本の時代劇を楽しんでもらえるのではないだろうか。

国を挙げて

九〇年代以降、急速にインターネットが普及したこともあって、私たちは観たいものを観やすい時代になった。そこで、例えば視聴率のデータも予約録画しているものも入れて算出してくれないと、正確なところは把握できない。視聴者が予約した時点で「この人はこれを見るんだ」ということがわかれば、テレビの番組制作の関係者にとっては参考になる。全体的に今は低視聴率の時代。私が二〇代のときに撮ったフジテレビの『千代の富士物語』(一九九一年)では視聴率三一パーセントだった。裸になって、半ケツ出して、神社で相撲を取って、それで三一パーセントだ。

視聴者のテレビ離れはまだしてないと思うし、テレビを観る習慣がある今だからこそ、作りたいものを作りたいように作っていいと思う。

私が連続テレビ小説『君の名は』(一九九一年)に出演したときは、かなりの緊張感をもって望んだものだ。衣装も分厚いツイードのスーツを着たり、ハンチングをかぶったり、いろいろと演出に気を遣った。雲仙普賢岳が噴火したことによりロケができなくなって、代わりに箱根の小涌園でロケをしたが。すごかったのは千葉県野田市内に数寄屋橋の一角などのオープンセットを作って、戦争の炎を出すために大爆破をいろいろやった。私は最初二役で出ていた。前半は後宮春樹をいじめる悪い役で出ていて、後半は真知子さんに恋い焦がれる闇取引業者だ。あの頃のドラマは、十分なお金や手間をかけて撮影することができた。そうした状況を取り戻すためには、もう少し国に応援してもらうということが必要だろう。

国は絵・音楽・彫刻などの芸術分野には比較的資金援助をしているのだから、NHKが作る大河ドラマに対しても、もっと援助してもいいのではないか。茨城かどこかに皇居を移してもらい、あの土地をオープンセットにする。それぐらいやってもらわないと、文化として残っていかない。

映像技術、カメラ技術の進歩は著しい。女優さんはアップで撮られることに対して、非常に気を遣うことになる。美術さんや大道具さんも、裏に行って押すとすぐに倒れてしまうような、映像化に堪えられないセットは作れないだろう。それだからこそ、やはり国を挙げて、教科書のように日本人全員の頭に入っている作品を作ることが重要だ。

映画『テルマエ・ロマエ』のヒット

『テルマエ・ロマエ』への出演を依頼されたときは、「いやいや、無理」というか、「うそでしょ」と思った。パロディー映画だろうと。私は『テルマエ・ロマエ』という原作の漫画を知らなかった。そのオファーが来たときに、抜粋された漫画のコピーも送られてきたのだが、原作者を見たら女性だということに気づいた。しかも海外に長期間在住されているという。私自身、海外はドキュメンタリーの撮影でよく行くからわかるのだが、日本人であるとどうしてもお風呂に入りたいと思ってしまう。特に女性であれば、やはりお風呂に入りたいなと思うのではないか。シャワーではなく。そうした思いから生まれた漫画なのだということが重々理解できた。それなら別にローマ人でも、エジプト人でも、どのような役でもできると思えた。

当初、エキストラは日本人がやるのかと思っていたが、外国人だったので、その辺に違和感をおぼえたことは確かだ。とはいえ、コメディーということ、それからタイムスリップものということで納得はできた。何より一番気に入ったのは、老若男女問わずに楽しめる内容だったということだ。

映画では上戸彩さんが出演したが、原作では女の人が一人も出てこない。ほとんどのキャラクターが四、五〇歳以上のおっさんばっかり。おっさんばっかりで興行収益五九億円もヒットする映画など、なかなかないと思う。

この年、二〇一二年の興行成績の中では『海猿』がトップになっているが、それは上映する小屋数の違いであって、比率で言ったら一番お客さんが入っているのは『テルマエ・ロマエ』だ。フジテレビの新人プロデューサーが「お前、なんか一本やってみろよ」と言われて持ってきたのが『テルマエ』だった。それを『宇宙兄弟』と『踊る大捜査線』と『海猿』の間に割って入るようなヒット作品にしなければと、無理やり入れたら、これが大ヒットした。どんどんお客さんが映画館に足を運んだものだから、小屋を開けざるを得なくなって、それを押し込むように、押し分けるように公開した。それで興行収益が『海猿』六〇億、『テルマエ』五九億。だから、比率で言うと『テルマエ』の方が動員数としては多いと言える。

アントニウスを演じる

私が『テルマエ・ロマエ』の中で演じたのはアントニウスという外国人役だ。どうみても日本人の私だが、ローマ人を演じることに抵抗はなかった。

『テルマエ』はコメディーではあるが、私のアントニウス役はふざけられるパートではない。しかし、真面目に演じることでかえって面白いものになった。「ばかじゃないの」という感じで観ることができる。コメディーの興味深いところだ。

演技は形から入ることも大事だと思う。まずは髪型をパンチパーマというか、クリンクリンの頭にしてみた。映画の撮影で十日間、ローマに滞在したが、そのときはこの髪型にさほど違和感はなかった。ところが、日本に帰ってきてサウナに行くと、周りに人が寄ってこないという現象が起きた。電車に乗っても、ジロジロ見られて、周りから人が離れていった。

リハーサルとか、台本の読み合わせなどは、阿部寛さんや北村一輝さんたちとみんなでやっていたが、扮装については、みんな見ていないし、それぞれの考え方次第だった。撮影のためローマに着いて最初に食事会があったときに、私はそれまでかぶっていた帽子を初めてとった。そうしたら、一番驚かれたのが阿部さんだった。阿部さんはそこまでクリンクリンにしてなかった。そうしたら、その一晩、「いや、開君、すごいね」と私の頭ばっかり触っていた。

演出へのこだわりには自負がある。

それからローマ人の着物であるトーガの着こなしについては気を遣った。日本の時代劇で着物を着る感覚と同じだが、四メートルくらいの長さがあるトーガを斜めに巻くのだが、左肩だけ落ちてきてしまう。よれてきて、引きずってしまったりもするので、それに慣れることは大変だった。

前述の通り、『テルマエ・ロマエ』のアントニウスを演じるにあたり、ローマでの撮影の合間を縫って関係の史跡を回り、意気込みを高めていった。話自体はコメディーだが、演じるのは実在の人物だ。演技する上では、外見はもちろん、しっかりとした人物像を自分の中に作り上げていく必要があった。

アントニウスの人物像を固めていくことに関しては、原作者ヤマザキマリさんの夫、ベッピーノさんにいろいろと助けられた。ヤマザキマリさんはもちろん、夫のベッピーノさんは古代ローマの時代考証に非常に精通している。彼は古代ローマが大好きで、リビアからブルガリア、いわゆる地中海沿岸の地をくまなく回って、写真を撮り、古代ローマ史通であることを自認している。彼の古代ローマに関する知識は、ほぼ間違いない。他の歴史学者の方に確認しても、彼の知識が優れていることがわかる。そういう時代考証の正しさがあるからこそ、あの漫画は成立している。だから、本当に壁画や柱に至る細かいところまで、きちんと描かれている。そういう細かいディテールにこだわって漫画を描いているから、こちらはいちいち、いろいろ資料を集めて調べる必要がない。安心してアントニウス役に溶け込むことができた。

こだわりのセット

『テルマエ・ロマエ』の一作目はローマのチネチッタのセットで撮影した。もともと、イタリアの国営放送などが使用したセットが壊されることなく、残されていた。日本の太秦のように、撮影所を見学できるようになっていた。

それを『アマルフィ』か何かの撮影で現地に行ったフジテレビの関係者が発見した。古代ローマを再現した場所があるということを『テルマエ・ロマエ』のスタッフが聞きつけ、ではそこで撮ろうということでローマロケになった。

しかし、二作目のときには、そのセットが取り壊されてしまっていた。新しいセットを作ろうということになったが、とても資金が足りなかった。そこで急きょ撮影場所がブルガリアになった。ブルガリアとか東欧諸国には、ハリウッドもかなり進出している。低コストで撮影ができるからだ。ブルガリアの撮影現場にコロッセオをはじめ五つのセットを、漫画を参考にして、支柱の形などを確認しながら作っていった。一作目よりも、古代ローマの要素や演出が強く出ているのではないだろうか。ひとつの街にも見えるほどの壮大なセットで、その空間の中で演じられることは幸せな一ヶ月だった。

古代ローマに関していえば、美術館の展示品をひとまとめにしたような、歴史に残してもいいようなすごい映像になっていると思う。まだ、完成品を観ていないで、本当のところはわからないのだが(二〇一四年に公開)。

江戸時代の時代劇ばかりではなくて、たまには古代ローマものでお口直しするのもいかがだろう。

写真家としての宍戸開

私は俳優だけではなく、写真家としても活動している。俳優としては撮られる側、写真家としては撮る側になる。俳優というのは華やかで脚光を浴びやすいが、私としては別にカメラマンも、美術さんも、大道具さんも、照明さんも、立場は変わらないと思っている。なぜならば、やはり映画・ドラマは総合芸術だからだ。俳優だけでは成り立たない。舞台だってそうだ。舞台装置があって、演出家、観客がないと成り立たない。

映像の場合はもっとスタッフも細かい。だから誰が俳優をやってもいいし、照明をやってもいいし、カメラマンをやってもいいと思うが、それぞれに時代考証学と同じように専門的な知識を必要としてる。それを学んだ上であれば、誰が何をやってもいいだろう。

私がこの世界に入るきっかけは、エースの宍戸錠という銀幕のスター、偉大なオブジェというか、キャラクターの存在が大きかったことはもちろんだ。こういう派手な職業に就く人は、一家に一人でいいなとは思っていたのだが…。うるさいし、わがままだし、人の話は聞かないし。だけど、面白いから私もその後をついて俳優の道に入ってしまった。私は別に俳優だけではなくて、映画作りそのものが面白い、ドラマ作りそのものが面白いと思ったから、この道に飛び込んだのだ。案の定、本当に面白いし、終わりがあるようでないというか。経験することすべてが参考になるし、どう表現すればそれが一番伝わるのかとか、絶え間なくいろいろなアイデアが浮かんできたり、消えたりすることがすごく楽しかった。だから、映像というもの自体に興味があって、その興味に基づいて写真家としても活動しているのだ。

写真の良いところは手っ取り早いところだ。すばらしい景色を見たときにきれいだなと思ってその場で絵を描いているととと結構時間が掛かってしまう。そのときの思いを音楽にしよう、詩にしようとすると更に時間が掛かってしまう。私は可能であるならば、映画の監督になりたいと思っていた。しかし、俳優の方も捨て切れない。面白いし、ちやほやされるし（笑）。仕方がないから、スチルの写真だけずっと趣味でやってきた。あるとき、片岡鶴太郎さんと『おしゃれ工房』というＮＨＫの番組でご一緒する機会があった。鶴太郎さんはその頃、お笑いから絵とか役者に転向していて、いろいろなことに一生懸命取り組んでいらした。そんな鶴太郎さんから「開君、そんなにカメラ、写真が好きだったら、ちゃんと発表したり、写真集にしたりとか、誰かに見てもらわないと駄目だよ」と言われて、確かにそうだと納得した。フィルムの量は膨大なものになっていたし、テーマ性を持たないと自分の写真も成長しないなと思い、そこからずっと写真活動を始めて機会があれば発表している。直近では、二〇一四年一月六日から、新宿のシリウスでスウェーデンの写真を撮り集めた写真展を開催することになった。それぐらい夢中になってしまった。

写真に興味をもったことによってレンズの特徴を理解できたが、それは俳優としての活動にも大変役立っている。例えば三五ミリ一眼レフのカメラで、デジタルでも、フィルムでも、そこに五〇ミリのレンズを付けて、五メートル離れたらどこからどこまでが写っているかということがすぐにわかる。たとえば時代劇中で徳川吉宗が廊下を渡るシーンの撮影であれば、普通はただまっすぐ歩くだけの演技になるだろう。しかし、レンズの特徴とか癖を知っている人は湾曲して歩くことによって、見栄えをよくすることができる。照明にしても、光量と映像での映り方の関係を知っていれば、それに応じた演技ができる。良い意味で「映像の嘘」を作り出せる。

ＨＤカムとか４Ｋのカメラでは、新しいものはすべてズームレンズが付いている。しかし、昔の映画撮影では、八五ミリ、一〇五ミリ、一三五ミリなど望遠系のレンズが付いていたら、役者は極力動かないように演技する。望遠系のレンズを使う場合は、立った位置のここに顔が来ないと映像的には絶対駄目だというような制約がつきまとう。いい気持ちで吉宗になりきって、いい演技をしていても、そこがピントの外れた所であれば映像としてきちんと写らない。

写真に取り組むことの利点は、そういう映像の特徴をつかむことができるということだ。役者には写り方についての努力が求められる。役所広司さんや大和田伸也さんは、その辺が非常にうまい。尊敬する先輩方だ。

私は作り手側であっても、演じる側であっても、あまり隔たりがないようにしたいと思っている。ハリウッド映画もほとんどそうだろう。自分が興味を持った作品であれば必ずプロデューサーの欄に主演の人の名前があったりもする。作りたくて作っている映画というのは、たいてい低予算ではないだろうか。そして一人の俳優が別の役割を兼ねている場合も多い。

時代考証学の必要性

日本人として誇りを持てる作品というのは、やはり伝統の良さとか日本人らしさという要素を備えたものだろう。男性であれば武士道、女性であればしとやかさ。だから、それを残しつつ、やっぱり洋楽よりも邦楽、洋画よりも邦画というように思ってもらえるようにしたい。

後世に伝えることだけが目的ではないが、私はわかりやすくひもといて教える、伝える、広めるということが、時代考証学的な見地からも大事なことではないかと思う。できれば、時代考証学には、大河ドラマの最後でゆかりの地を紹介するところなどに数多く登場してもらいたい。

チャンバラものは少なくなった。羽織を着て重い刀を振るようなことは実際あり得ないけれども、エースの宍戸錠のウェスタンではないが、もっともっと真剣勝負をみてみたい。

そういう硬派な要素も取り入れつつ、あとは台詞をわかりやすく、小学生が見ても「面白いな、これ」と思えるような、そういう時代劇作りが必要なときにきていると思う。

＊本稿は、工藤航平(時代考証学会)と対談形式で行われたものを、再構成して文章化したものである。

シンポジウム

「時代劇メディアが語る歴史」パネルディスカッション

（時代考証学会）門野　里苗
（学習マンガ編集）小泉　隆義
（ドラマ美術制作）岸　聡光
（俳優）宍戸　開
（司会）竹村　誠

司会　今回のテーマは、物語がなぜそのような形で存在するのかについて考えるということです。リアリズム、それから時代劇メディアの面白さというお話も出てきましたが、小泉さんの方から、キャラクターの顔のお話とか、岸さんの方から、新しいＣＧの技術とか、それから宍戸さんの方から、わかりやすさについてのお話がありました。お互いのご報告を聞きながら、改めて感じたことがありましたら、お話いただければと思います。

小泉　先ほどの報告と同じようになると思いますけれども、必ずしもお客様、私どもの方は読者ですけれども、読者が現実に、実際にこうあったというようなリアルを求めているわけではありません。特にマンガですから、その漫画の中のリアリズムというのは、現実のリアリズムとはまた違う別個のものです。ですから、マンガの中でキャラクターがどう必然的に動いているのか、キャラクターが活躍する理屈みたいなもの、筋が通っていれば、それがイ

司会者（右）と報告者

コール漫画のリアリズムですから、それを外していない限り、つまり、とんでもなく空想的な部分が入っていても、それはオーケーということになります。ただ、普通のコミックとかゲームとか、そういうものはそれで構わないと思いますが、学習漫画の場合、それで勉強するという大義名分がありますので、あまりめちゃくちゃなことはできない。ですから、お客様が喜ぶようにするために、キャラクターを、今で言うイケメン・美女みたいな形にするとか、子どもがわかりやすく読めるように優しい語り口でしゃべるとか。実際そういうふうにしゃべったはずはないのですが、そういうふうにしゃべったようにするというようなこと。読者もそれは許容してくれる。アンケートを見ても、お客様はそれを許してくれていると思います。きちっとした時代考証に基づいた背景があって初めて、そこでキャラクターが何か動いているということが、お客様の満足度を高める。マンガの場合はわからないことは描かなくてもいいわけなので、コマの中に何もないスカスカの状態のマンガがよくあります。四コママンガは別としても、ストーリーマンガにおいて背景がきちっと描き込まれていないというのは、マンガとして手抜きだと私は思っています。ですから、主人公がよりリアルに動けるよう、背景などを描き込んでいくというときに、時代考証はどうしても必要なのだと思います。それは映画も、テレビも、全部同じではないかなと思います。ただ、マンガはずるいです。わからなかったら描かなくてもいいので、そこがちょっと違うかなという部分です。テレビやドラマはどうしても映りますので、映るということはきちっと作らなければいけない。他人事のようですが、それが大変だろうなと思います。だから、手抜きのマンガはありだとは思うのですが、私はそれはあまりよろしくないと思っているわけですよ。ただ、背景を全然描かないマンガ家もいます。それは作風です。その作風のマンガ家を選んだ以上は、仕方がないなというところはあります。とはいえ、きちっと描くことには勉強するという目的もあるので、実際にイケメンや美女のキャラクターがその中で活躍することによって、なんとなく歴史がわかるとか。こういうふうに当時の人は動いていた、生き生きと活動していたということがわかれば、その範囲内では省略も可かなと思います。

司会　映像として映り込んでくるセットを扱っている岸さんの方はどうでしょうか。

岸　私たちも実はドラマを作っているとき、よくマンガを拝読しています。それはなぜかというと、キャラクターのストーリーがすごくわかりやすいからです。何はともあれ、どこを強調して、どこを省略したらいいか、それはすごく勉強になります。私たちがやっているNHK大河ドラマの場合は一次利用があって、さらに二次利用がありますが、例えば大砲の配置などは注意しないといけなくて、そのあたりは気をつけてます。あとはわかりやすさ。セリフもそうですが、言葉の問題です。考証会議でも毎回議題として出てきます。この言葉をそのままセリフとして生かした場合、見てる方がわかるだろうかという懸念もあります。昔は家族でドラマなどを見ていて、わからないことがあれば「何これ」と自分の父親に聞いていたわけですが、今は少なくなっているようです。それで、この言葉を聞いても見ているお父さんが答えられるか、というような話も考証会議で出てきます。そこで、もう少し含めておいた方がいいのではないかということは、背景もそうなのですが、ストーリー上の言葉の問題も実際に討論されていることがしばしばございます。

司会 宍戸さんの方からはどうでしょうか。

宍戸 全てのものをわかった上で省くことと、何も知識なしに、そうだと信じ込んでやってしまうこととの違いだと思いますが、省くとしても理解した上で省く、知った上でお伝えするというのが僕ら側の立場だと思います。映像の場合は、いやっていうほど、はっきりわかってしまうので気が抜けないというか、手が抜けないというか、そういう厳しさがあると思います。ましてや、演じる側も、例えば道具に慣れているのと慣れていないのとでは、はっきり差が出てしまうので、事前に訓練なり、練習なりをすることがあります。最近はわらじも結べない役者さんが圧倒的に多いと思います。わらじを結ぶことができれば、かんじきも結べますし、何でもできます。着物ももちろんそうです。着られない女優さんの方が多いと思いますが、それでも、デンと演じれば「すごいな、和服が似合う人だな」と言われるわけです。だけど知っていてひもといているのと、そうでないものとの違いは重要だと思います。一般の方にはその辺も汲んで見ていただきたいし、録画した番組の画面をピっと止めて、この紋章は、なんでこういう鳥が右向いているのとか、画面を写メで撮って照らし合わせてネットで調べてみるとか、そこまで探求していただければ、われわれがやってる努力は報われてると思います。取りあえずはわかりやすく伝えるというのは重要ではないかなと思います。

司会 それではこのリアリズムとか、面白さについて、何かフロアーの方でご質問があれば、挙手でお願いします。よろしいでしょうか。

宍戸 逆に質問。時代劇をもっと多くの人に見ていただくには、何を一番手っ取り早くやった方がいいと思いますか。

参加者A やっぱり、言葉だと思います。

司会 ありがとうございます。時代劇をもっとたくさん見ていただきたいというのは、今日の報告者の皆さんの思っていることだと思いますが、ここで別の話題を振らせていただきます。宍戸さんの報告の中では総合芸術というような言葉で表現されているものがありました。それから、岸さんの報告では、人が増えると調整しなくてはいけないことが増えて困る、ということがあったと思います。多くの人が携わって一つの作品を作り上げるということについて、どのようにお考えになられているのか。それぞれお聞かせいただければと思います。

小泉　映画とかテレビはたくさんの人が関わっています。それを取りまとめる役というのは恐らく、テレビ・映画ではプロデューサーだと思います。出版の場合は、実際に作ってる人、マンガで言えばマンガ家と編集者で作ってると言っても過言ではないのですが、それ以外に関わっている方と言えば時代考証とか、方言の指導とか、御所言葉とか、京言葉とか。そうしたことを確認しないとセリフが書けない。吹き出し、ネームが入れられないということもあります。ただ必要に応じて聞いているだけの話で、一堂に会して何かやるというような大掛かりなことは、出版の場合はあまりないかなと。そういう意味で言うと、映画・テレビ・映像、あるいは演劇の世界というのは大変だろうなと思います。時代考証に関して言えば、専門の先生はたくさんいらっしゃるのですが、その専門の先生にいちいち聞いて回らなければいけないというのがありまして、一人で済むとうれしいなというのはあります。だから、データベースみたいなものは作れないかという話をさせていただいたのですが、例えば、江戸時代の人の頭の形がどうだったのかということを全部画像で見られると、それもCGで三六〇度、裏からも表からも見られるようなデータベースがあったら、有料でも構いませんので、欲しいなと思います。多分、NHKさんなんか、いっぱい持っていらっしゃるかなと思って。提供していただけると、すごくうれしいのですが。若いマンガ家が増えていますが、時代考証に関することを知らない人がいっぱいいます。編集者でもほとんどわからない人もいますから、マンガ家のチェックができない。ゲームの世界だと、『戦国ＢＡＳＡＲＡ』みたいに、時代考証がむちゃくちゃでも

小泉隆義氏

おもしろければいいわけですが、学習マンガだとそれが許されない。そうすると、最低限、着物の左前と刀の差し方ぐらいわかってほしいのですが、それすらもわからないようなマンガ家さんも最近出てきています。特に、コミックマーケット、コミケ系のマンガ家さんは、うまい方もいらっしゃるのですが、ものまねなんです。基本的にはもとになる絵があって、その絵をそっくり描くということがあの人たちの世界なので、それで満足しているみたいなところもあります。そういう方たちにマンガをお願いすると、例えば左側の顔しか描けない、右側が描けない。昔ですと、マンガ家さんはある程度美術の勉強をしているわけです。デッサンをやっていますから、人間の体の動きとか、左側に向いたらどういうふうになるとか、そういうことがわかる。でもコミケ系のマンガ家さんは、絵がうまく、コンピューターも使っているのに、なぜか左側しか顔が描けないとか。そういう人たちにどうやってマンガを描かせるかというのがこれからの課題だろうなと。時代劇には時代劇の所作があるので、知らないととんでもないことになるわけです。伝統芸能に近い。継続していかないと残していけないものなので、ぜひデータベースがあるといいなと。

司会　岸さん、お願い致します。

岸　ＮＨＫの場合、データ資料という、そういう専門の部署もございます。放送の中で間違いがあってはいけないからです。今現在の時代劇を行うときに、担当してくれる職員の方もいまして、「考証の先生方や研究者の方はドクター。自分は救急隊員」と言って、常に番組に寄り添ってもらってやっております。資料に関しても、江戸事情というのは、ＮＨＫのデータベースで行いますが、膨大な時間と手間暇がかかるので整理しきれないというのが現状です。私たちのデザイン部という部内でも、今までためた資料をこれをどうするかと。このまま捨てるのはもったいない資料も当然ある。ただ、そこをきちっと系統立てて残していくことを誰かに頼まなければいけない。しかし、一つの番組制作目的で資料を集めるので、全然系統立っていない。ただただ積まれて棚にしまわれていく。それを美術の手だてとして残せないかと思い、一回ちょっと整理をしてもらおうという話をこの間したばかりです。それは当事者である私たちも身にしみてわかっていることです。あと、この世界、本当に宍戸さんがおっしゃったとおり、総合芸術でたくさんの人に関わってもらってやっております。先ほどの話のＶＦＸのＣＧなども韓国の会社にお願いしたりとか、もうそういう所でできてしまう。ただ、何を発注するのか、チェックしなければいけない。それを作ってくれている方はエンジニアではありますが、実際の家を建てたりとか、フィールドで草を植えたりという仕事ではないのです。ですから、家の側面を直したいと言うと、屋根まで一緒に落ちてしまう。バラバラに作って組み合わされているので、一つの手直しが難しいのです。今までですと、ゼネコンの中のジョイントベンチャーで済んだところが、また違う業態の方たちと組むとなると、ますますプロデュース機能であったり、取りまとめていくことが大切になる。掘り下げていくと、最後は誰が考証をわかっているのかということにつながっていく。関係を広げていったときのスピードが今までの比ではなく、どんどん速いスピードで向かっていってしまって、ではどこまで広げていくのだろうというのが、今、私たちの大きな課題になっております。次の番組に向けても常にそれは話し合っています。

司会　宍戸さんの方からお願いします。

宍戸　演じる段階、撮影する段階になっていますと、今、お二方の言われたことは、ほとんど解決済みの状態で演じる場合が多いのですが、しっかり作ったはずだけど、ここが壊れやすいから気をつけてという所もあります。でも全ては本物を追求と言いますか、時代考証にのっとった上でやりたい。けれども、ここはちょっとおぼつかなかっ

ディスカッションの様子

たり、手違いがあったり、それは時々起こることですから。それがわかった時点でもうれしいじゃないですか。ちょっとした柱の杭が食い込まないとか。そのもの、個々を見れば素晴らしいことがよくわかるから、そういった点では、よしか、ちょっと狭いけど、そこは狭くないような動きで見せたりとか、そういう工夫を僕はやってます。だから気苦労が絶えないのは、演じる側よりも舞台を作ってくださるスタッフの方だと思います。

司会　ありがとうございます。それではまた、多くの方が一つの作品を作り上げているという点について、フロアーの方からご質問がありましたら、挙手でお願いします。

参加者B　小泉さんと岸さんに質問ですけれど、本の場合は出版した後、ドラマの場合は放送した後に読者や視聴者から苦情、お叱りを受けたりすることは結構あるのでしょうか。いろいろな方が関わっている場合、誰がどういうふうに対応しているのでしょうか。

小泉　出ると思いました。間違いにもいくつかパターンがありまして、明らかに考証の先生の間違いという場合もありますけれども、出版の場合は、ほとんどの場合、編集者の校正ミスということが多いです。基本的な年号とか、事実関係の照らし合わせを忘れたが故にミスが発覚するということがままあります。大変申しわけないですが、今回『学研まんが　NEW日本の歴史』もちょっとミスがありまして、そのときにはお客様には訂正資料を作ったり、あるいはすぐに増刷がかかりましたので、訂正した本を交換するというような対応を致しました。どういう苦情が多いのかは、一概には言えないですが、単純な間違いは完全に申しわけありませんということです。それしかありません。ただ、中には歴史ですので、歴史認識の違いとか、その方なりの考え方でご意見をおっしゃる方もいらっしゃいます。そういうのはちょっと困ります。歴史じゃないですが、この前、こういう電話を受けたことがありました。「地図帳にデリーと書いてあるが、自分が習ったのはニューデリーだ」と。インドの首都はデリーなのですが、ずいぶん前にはニューデリーとなっていたのです。学校の教科書では今、ニューデリーもデリーも正解です。なぜかというと、デリーという大きな都市の中で、政治の中枢を担っているのがニューデリー地区になります。外務省はニューデリーと言っていますが、文科省の検定の教科書はデリーとなっている。そのときは対応に苦慮しました。どっちも正解なのですけれど、どうしても納得していただけなくて、最後は検定の教科書にもそう書いてありますので、文部省に聞いてくださいと言いました。その後かかってこなくなったので、多分大丈夫だろうなと思うのですが。とにかく、明らかな間違い以外の、歴史認識、あるいはいろいろな説がある中のこの説だというような場合は、監修の先生のご意見を紹介したりします。そうするとたいていは引いてくれます。それでも、その先生を出せと言う人もいますが、そういう場合もできるだけ、その前の段階で引き止めるようにします。以前、この学会の会長の大石学先生に伺ったこともあります。古代の豪族の名前で小野妹子とか蘇我入鹿とか苗字と名前の間に「の」が入りますが、なぜ「の」が入るのか。おおよそ鎌倉時代ぐらいまでは「の」が入っているのですが、その以降は「の」が入ってないのです。それをお子さんが聞いてきました。わからない。困ったので大石先生に聞いたのですが、そのときは大石先生も答えてくれませんでした。結局、真相はよくわからないのですが、「の」が入るのは、源氏と平氏と藤原氏と橘氏。昔の源平藤橘《げんぺいとうきつ》という高貴な一族出の次ぐらいの人たちがそういうふうに呼んでいて、その名残りなのではないかという説と、慣習的にそう呼んでいるという説といろいろありまして。そうした

岸聡光氏

話をお子さんにしても仕方がないので、親御さんに話をしました。そうした対応をします。映像の場合はもっと大変だろうと何となくわかるのですが。

岸　よくあります、これは。つい先日もございました。同志社英学校の「志」の字について、「士」の部分は「土」と書かなければおかしいというご指摘を視聴者センターからいただきました。「同志社大学の先生に問い合わせをして確認します」とお答えしました。あとは、私がやった中で『毛利元就』のときに、一文字三星の紋が違うという視聴者の方がいらして。今使ってる紋は違うぞと。毛利家の紋は形もいろいろございます。その中で毛利博物館の学芸員の方と相談し、推薦をいただいて、それを使わせていただきました。したがって、もしそこで何かご意見がございましたら、最終的には毛利博物館の方で決めていただいたので、「私の方からお問い合わせ致しましょうか」とお答え致しました。それから、これは『功名が辻』のときだったと思いますが、虎御前山を攻めるときに敵陣に向かってメガホンを使って「君たちは包囲されている」みたいなことで大声を出して威嚇するというシーンを撮った。そういうこともあるだろうということで。美術と小道具で、オリジナルで作ってやっていたら、「それはちょっとふざけ過ぎじゃないか」というお叱りを受けて。「これは史実ではございません」と謝ってお答えしました。放送で少し具合が悪かった所が、もう一度回想シーンで出てくることがあります。それまでには修正して、なるべく出さないように気をつけています。それから国旗の使い方や地図上の変化。気をつけるべき大変な部分だと思います。また、軍服などに関しては、「自分の経験ではこうだった」というお問い合わせが多いです。部隊や時期の違いといった問題もあり、なかなか私たちも対応できません。わかる範囲でお答えしてご説明申し上げております。

司会　もうおひと方お願いします。

参加者C　岸さんに質問です。ご報告の中にもありましたけれど、勝と西郷の会談場所が薩摩藩蔵屋敷、田町にある現在の三菱自動車工業本社前だとほとんどの方はわかっていると思います。要するに、会談場所から江戸の城下が見えないことはわかりきっているわけです。例えば、近くに愛宕山があるわけですから、愛宕山から城下を眺めて「江戸の町を焼くのか」というのであればリアリティーも出てくると思います。そこのところ、わかっていてそうされたことの意図は何でしょうか。それと、もう一点。『八重の桜』の中で西郷頼母を西田敏行さん、山本覚馬を西島秀俊さんが演じました。実際は覚馬の方が年上ですから、俳優さんの実年齢からすると逆転していますよね。西田さんの方が西島さんよりも二〇歳ほど上でしょうから。これもう全然史実と違うということで、見る側が最初からそっぽ向いてしまう部分があると思うわけです。俳優のキャスティングとストーリーのどちらを大事にするのか。以上、二点、お答えいただければと思います。

岸　先ほどの報告で申し上げた江戸の開城のシーンですね。勝が一人で乗り込んでいく。ここは山本むつみさんの脚本で、私が直に話したわけではないのですが、山本さんとしては、こういう場面で実際に障子を開けたら江戸の町が見えるようにしたい。ただ、勝がアウェイの所に一人でやって来るという場面も欲しい。そういうことで西郷の所に勝が来て、自分で話をつけるということになりました。確かに、これは考証の先生方のご意見もほとんどイエローカード、レッドカードに近かったと思います。それで、あとは演出と脚本で判断をしていただくということで、話がそこで終わってしまいました。もう一点のキャスティングの問題について、私の方では、いきさつまでは量りかねますが、西田さんは福島出身の方だし、いろいろな思いがあって皆さんの役柄が決まっていったのではないかと思います。本当に詳しくはわかっておりません。申しわけございません。

門野里苗氏

司会　ありがとうございました。それでは続いてのご質問に移らせていただきたいと思います。本日の門野(里苗)報告において、受け手としての多様性、その影響についての話があったと思います。門野さんご自身が受容者としてすごく『鬼平』が好きで、その思いに基づいていろいろな話をされたと思うのですが、具体的にはどういうような行動をしたのか。そういうことをもう少しお話いただければと思います。

門野　報告の中でまち歩き関連の本がたくさんあることを紹介しましたが、自分も舞台となった場所を歩いてみたり、平蔵の墓所とされている所に行って、墓参りのようなことをしてみたりですとか。ただ一番大きいのは、やはり『鬼平犯科帳』を読んで長谷川平蔵という人を知って、それを研究して今に至っているということだと思います。

司会　ありがとうございます。門野さんのお話にあったような受容者がたくさんいる中で、制作者側が受容者をどのように捉えているのかが気になります。受容者を見据えた時代劇メディアの作り方はどのようなものなのか。もう一度お話いただければと思います。

小泉　受容者、要するにお客様ですよね。作品を作る、出版する場合には、お客様がどういうものを欲しているのかを第一に考えます。昔は伝説的な編集者がいて、思いつきでパッと出したものが、あっという間に売れるという時代だったのですが、今はそうして売れることはほとんどありません。厳密なマーケットリサーチをやります。今、コンビニでバーコードを読み取るとその日の売り上げが全部本部に上がっていくみたいな、そういうシステムがありますけれども、書店も、本の取次店も、全部そういうデータを持っています。出版したその日のうちにどのくらい全国で売れているのかは、あっという間にわかる時代になってますので、そのデータから分析します。あるいは、アンケートです。事前にアンケートを取りまして、どういう傾向があるのかを分析します。ただ、データはあくまでもデータで、それを過信すると読み間違えますので、それをどう読み取るかというのが腕の見せどころ、プロの編集者の違いなのだと思います。学習マンガの絵柄について、昔ながらの絵柄でも、コミックやアニメ、ゲームのような現代風の絵柄でも、データ上はどちらでもいいと。要するに五分五分だったのですね。このデータの結果をどう読むかという問題があります。それから、マンガはカラーでいいか、モノクロでもいいのかという問題も、圧倒的な差はありません。ほとんど同じぐらいか、ちょっとカラーの方がうれしいかなぐらいの、そういうアンケートの結果でした。アジアの市場ではオールカラーがほとんどです。そういうことを考えると、今後の学習マンガを輸出する場合にどうするのかという問題もあります。あとは、私の判断というか独断と偏見で決めたところもありますし、いろいろな要素が関わってきます。少なくとも学習マンガに関して言えば、今までは古いマンガしかありませんでした。ですから、新しいマンガで、しかもカラーというのは需要がある。そういうことは、ある程度の確信がありました。市場の調査は、ある程度やりますけれども、最後はやっぱり人間が決めていくので、その人間の勘とか、昔ながらの第六感みたいなものもいまだに必要かなとは思います。データの通り、人の思惑通りに人は動いてくれません。コントロールできませんから。どんなにいい本を作っても必ず売れるわけではないですし、逆にくだらない本なのに売れることもあります。それはテレビもみんなそうだと思います。高視聴率を期待していなかったのに、ものすごく視聴率を上げるドラマもありますから。後付けではいくらでも言えますが、では実際にそのときにどう動いて、どう判断して、どう作っていくかというのは非常に難しい問題で、一つとして同じパターンはないです。こうだから売れた、だから次はこうしようと言っても、それが通らない時代です。昔だったら柳の下のどじょうは、まあまあ三匹ぐらいまではいたわけですけど。今は二匹目もちょっとつらい感じになっていますので、やっぱり先にやった方が勝ちです。先に何でも新しいこと、違うこと、あるいはちょっと目先を変えたこと、そういうことを先にやった方がいいですよね。その後追いはあまり成績がよくないですから。一応、出版とは、文化的な事業を担っているわけなので、あまり金もうけの話をしてはいけないのですが、やっぱり営利を目的とした企業である以上、売れないといけない。だから、どうしてもそこにジレンマがあります。いい本作って売れなくても、「これでいいや」と思っていた時期も昔はありました。若い頃は。今はそうも言っていられなくなりまして。そういう立場でなくなってきたものですから、できるだけ売れて、なおかつ、それでいい作品だったら、これは最高に幸せだなということだと思います。作る側の人間はみんなそう考えていると思います。売れた方がいいに決まっていますし、皆さんに見てもらうことが作り手としては最高の幸せだと感じています。そのためには努力を惜しまないのですが、ただ、その努力をしたからといって売れるかというと、なかなか難しいのが現代かな、という感じです。

岸　大河ドラマ『八重の桜』は、多分、話題性、いろいろな新しい発見があると思います。八重が初めに結婚した川崎尚之助さん。この方について実はわからないことが多かったのですが、この番組をやるに当たって、いろいろ歴史家の方に掘っていただいて、わかってきた部分があります。そういうことも含めて、番組の中にフィードバックして反映していけたということです。それと、もう一つはやはり、その場所に行ってみたくなるような、そういうものが提供できるのではないかということです。この番組を見て二本松へ行ってみよう、白河へ行ってみよう、会津へ行ってみよう。そこはどんなところなんだろうと。大河ドラマがそういう町おこし的なこととイコールになってしまうというのもまた違うのかと思いますが、ただ、そういう面でも、協力できるところがこの番組の持っている力なのではないかと。地元から、ダルマや、赤べこや、起き上がり小法師を借りたりするときに、「今はこうなっているんだよ」ということを聞きます。ドラマの制作者、出演者の方、地元の方、双方向でできている。大枠ではありますが、時代劇を通じていろいろなことが浸透し、新たな発見も生まれる。それがいいところだと思います。でも、私たちにとっても視聴率は大きな問題です。何といっても私たちが仕事をしている隣の机には『あまちゃん』の人たちがいて、「じぇじぇじぇ」とか言って。地元のいろいろなことを取り上げています。会津にも「さすけね」とか、いろいろありますが、言葉が難しくてわからないという投書が来ることもあります。見ている方の反応がどうして違うのかなと思っています。なかなか思ったとおりには行きません。全体的に『八重の桜』は、前半はいろいろと生々しい場面があります。後半は学校を作っていく、教育ということですよね。教育がまずあって、それから宗教の問題もあります。見ている方がどのくらい感情移入していただけるかどうかということを含めて、トライをしなければいけない部分も確かにありました。その部分が視聴率にもある程度反映してるのではないかな。でも、だからと言って、そこで切り捨ててしまって、時代劇の本当にメジャーな所だけで進んでいけるかというと難しい。いろいろな時代を掘り起こしていくということができるのであれば、しっかりと続けていきたいなと思っています。

宍戸開氏

司会　宍戸さん、お願いします。

宍戸　ものづくりはアナログですよね。人が作るから、その不備もあるし。あとは見る側の姿勢ですよね。歴史上の人物とか史実的にどうだということは、誰もその時代は見たことないわけだし、知らないわけですよ。歴史、時代考証学という観点から、そういう分析をされて、多くの意見からこれが正しいだろうと一本ラインを決めて、それを表現して、大河ドラマなり、朝ドラなりでやるわけですから。例えば、さっき質問にあった年齢が逆転しているということ、そりゃそうですよ。大河の主役をやっている人間が若くなっているわけですから、そういうことも起こり得るし。まず、見る側の姿勢として、自分の固定観念、生まれ育った知識やら、いろいろありますけど、ニュートラルにして見るということ。これが僕は大事だと思います。あ、だからか、とか、ここはちょっとドラマのストーリーとは関係ないけれど、西田さんは福島出身なんだ、それは思い入れがあるだろうな、とか、そういうところもプラスアルファしていいじゃないですか。僕だってそうですよ。どこ行っても宍戸錠の息子だと言われるわけだから。そういう境遇はあるけれども、ニュートラルにして、その人の芸術を受け入れる。まだ僕らのやっている分野はわかりやすいです。これがピカソやら、ゴッホやらの絵だったらわかりやすいですけど。もっとダリみたいな人になると、時空間を飛び越え過ぎたような絵だから。だから、そういう観点で物事を見て、「僕だったら、こう作るけれど」という余裕を持った視線で作品を褒めていただいて。特に役者として、舞台をやるとそうなんですが、表現者にとって最高の褒め言葉は「面白い」の一言です。もちろんお金でもないですし、好きなことをできて、おまんま食えているということで幸せを実感できるので。ただやっぱり生きていかないといけないので営利的なところも追求していきますけど。見る側の視線も大事だということを強調したいですかね。

司会　時間が経つのは速いもので、この辺でパネルディスカッションを終わりにしたいと思います。みなさん、本日はありがとうございました。

「地域史によるまちおこし」を考える
―第五回シンポジウムに参加して―

小沼幸雄

毎回とはいわないが、時代考証学会のシンポジウムには、何度か参加させていただいている。私がこの時代考証学会に参加するのは、実に不純で邪な理由による。そこで得られた新たな知見を、何とか自分の仕事にアレンジした形で活かせないものかと、常々考えるからなのである。私は現在、小さな町行政に籍を置き、主に文化財保護や自治体史の編纂といった仕事に携わっているのだが、ここ数年、行政内部の関係者や地域住民などから、「文化財や史跡を活用し、〝まちおこし〟や〝観光の目玉〟としたいので協力してくれないか？」という相談や依頼を受けることが多くなった。そうした場合、私はいつもこう答えることにしている。「史料的根拠がはっきりしていないもの、あるいは未確認のものなどを誇大広告したりしないと、お約束していただけるのならば…」と。そうでないと、誤った地域の歴史が流布することにもなりかねないし、それが一人歩きすることさえあるからなのである。

今更いうまでもないことだが、映画やドラマ、あるいはマンガやアニメという媒体の歴史作品が大ヒットした場合、受け手側にはそれが強烈な印象として残り、その中で取り扱った内容が、さも史実であるかのように感じる人も多くいるはずである。〝地域おこし〟として歴史資源などを活用する場合も、それと同じようなことが当然起こり得る。その扱い方によっては、針小棒大、我田引水な話どころか、全く別の歴史となってしまう恐れさえあるだろう。要するに、時代考証学会に参加することは、「地域史によるまちおこし」を考えた場合、大いに参考になると思うのである。

さて、今回の「時代劇メディアが語る歴史─表象とリアリズム─」をテーマとした各報告およびパネルディスカッションを興味深く聞かせていただいた。門野里苗氏による「時代劇メディアと学問・観光の関わり─『鬼平犯科帳』を題材に─」は、私がこの会に参加する目的にほぼ合致した内容であったので、首肯できる部分が多く、示唆に富む内容であった。門野氏が指摘する「作品の反響の大きさは、地域の歴史的資産や史跡を巡る観光や新たな史実の発見などに、大きく影響を及ぼす」というのは、まさしくそのとおりであろう。幸か不幸か私は、『鬼平犯科帳』の愛読者ではないし、ドラマ化されたそれもほとんど視聴していないので、恥ずかしながら、それがどの程度脚色された作品なのかさえよく知らない。しかしながら、『鬼平犯科帳』を通じた時代劇メディアの影響について、「観光面」と「学術面」とが、「まったく乖離した事象ではなく、お互いが密に影響し合っている」との門野氏の指摘は、それを知らずとも目から鱗が落ちたような気がした。なるほど、人々から全く注目されなければ、研究が全く進まない分野というのもあるだろうし、それを研究するきっかけさえも与えられないということもあるのかもしれない。逆にいえば、時代劇メディアや観光によって注目されるようになれば、自ずと研究者も、その分野に関して不勉強ではいられなくなるであろうし、また、そういう視点で改めて史料を読み込んだり、新たな史料の発見、発掘に努めるようになったりすることもあるだろう。そう考えると、今までの私の態度は謙虚さに欠けており、上から目線だったような気もしてくる。現状での資史料や研究成果ありきで、それが無ければ、端から〝胡散臭いまちおこし〟と一蹴するというのは、傲慢であったかもしれない。氏の報告の最後にあった「時代劇（メディア）だからといって学問上、軽視されるものではない」という言葉が印象に残った。

小泉隆義氏による「マンガと時代考証─学習マンガを中心として─　ある編集者の私見」の報告も参考になった。というのも、私は仕事柄、小・中学校へ出向き、「地域の歴史」を講釈することがある。その際、難解な専門用語をどう敷衍して話すべきかとか、どういったことに焦点を絞って子どもたちに話をしたらよいか、などと悩むことが多々ある。そんな時は、学習マンガの一つである『マンガ　日本の歴史』も大いに参考にさせていただいている（もちろん、学研版とは限らないが…）。その類が大手の各出版社から刊行されているというのも、それだけニーズがあるからだろう。それはともかく、意外だったのは、「学習マンガ」はもちろん、『マンガ　日本の歴史』とその時代考証にも結構長い歴史があるということ。よく考えれば、それもそのはずで、私が小学生時代にお世話になったというか、その恩恵に浴したのだから、その類が誕生してかれこれ半世紀近くが経っているわけである。何を隠そう、斯くいう私も、歴史への取っ掛かりは、思えば『マンガ　日本の歴史』だった。小泉氏がいうように、学習マンガとしての『日本の歴史』である以上、「子どもたちの教育のためのマンガであるという前提においては、正確性や学問的裏付けが必須」であると思う。だからこそ、親や学校の先生が安心して子どもたちに与えられるものとなるのであろう。「親子で安心して読める」、「歴史の流れが理解できる」、「ストーリーや歴史背景のリアルさ」を読者が求めているということは、容易に理解できる。いずれにしても、それまでのマンガ＝悪書というイメージを払拭したという点において、学習マンガが果たした役割は大きいといえよう。

岸聡光氏による「ドラマ美術と時代考証」の報告では、感心することしきりであった。時代に合った髪形や着物などの風俗や建物に気を配るのは容易に想像できるとしても、確かに地域特性などは現地に赴かなければわからないことが多いだろう。いや、それでもわからないことも多いのではないだろうか。可能な限りリアリティーを追求するという、その飽くなき探求心とプロ根性には敬服する。正直、私はそこまでディテールにこだわりながら「大河ドラマ」等を見たことはない。ドラマや映画の一つ一つの場面をそこまで細かく見ている人が、一体どれだけいるのかはわからないが、限りなく本物に近づけるというスタンスなのだろう。「間違った史実を描かないことで、視聴者を混乱させせないように努める」という意識は、まさにプロフェッショナルといってよく、頭が下がる思いがした。時代考証を取り入れたドラマ美術自体が〝ドラマ〟そのものなのだと気づかされた。それだけに、その知識・経験の蓄積と継承の問題が重要であることは間違いないが、いわばそうした縁の下の力持ちの弛まぬ努力によってこそ、素晴らしい「ドラマ」が作られ続けているのだと改めて思った。大雑把な性格の私には、そこまでディテールにこだわるというのは出来ないかもしれないが、そのスタンスは、文化財等、啓発の一環として資料展示等をする場合の参考ともなるのではないか。今後は、観覧者が気にも留めないようなディテールにまで、気を配れるように心掛けたい。

宍戸開氏の「時代劇メディアにおける演じ手の役割」の報告があったが、いつもながらミーハーな私は、ただただ、有名人を拝顔できただけで満足であるため、「ああ、いつもテレビで見ている本物の宍戸開だ。お父さんの宍戸錠よりも男前だな」というのが率直な感想。小泉報告の中でも、学習マンガに読者が求めるものの一つとして、〝キャラクターはイケメン〟という話があったと記憶しているが、ドラマや映画とて同じであろう。宍戸氏は、どう見てもイケメンである。最近の大河ドラマを見ても、イケメンと美女ばかりでキャスティングされており、歴史上の人物は皆そうだったと誤解を招きそうなほどだ。いずれにしても、そのイケメンの宍戸氏が、「時代考証家の役割は重要であり、頼りになる存在」といった話をされ、「所作等を含め、ディテールがしっかりしていれば、いい芝居になる」と発言されていたのは説得力があった。それは岸報告に通じるものがあるといえよう。

また、宍戸氏から「(視聴者の)ターゲットを広げるには、わかりやすさも大切」という話もあったが、傾聴すべき意見であったと思う。というのも、普段、文化財啓発や自治体史編纂の仕事に深く関わっている私も、ついそのことを忘れ、難解な内容でも〝よし〟としてしまうことが往々にしてある。時代劇メディアと同様、本来、その対象は、一般庶民であり、研究者のための事業ではないのだから、そういった点を肝に銘じておきたい。

最後のパネルディスカッションも各報告同様、心に響く言葉が多かったように思う。どんな時代劇メディアであるにせよ、そのディテールを「知っていて省くのと知らないで省くのでは違う」との意見があったが、そのとおりであろう。視聴者や読者は、そうした手抜きを見逃さない。見えにくいところ、場合によっては見えないところまで作り上げるからこそ、完成度が高い作品となり、それではじめて受け手側から称賛に値するものと評価されるのではないか。また、いみじくも、「受容者に迎合するのと、いい作品をつくることを一致させる難しさ」と、報告者のどなたかがおっしゃっていたが、そこが一致した場合は制作者冥利に尽きるということなのだ。それに絡んで、「ものづくりはアナログ」という言葉があったが、それも言い得て妙であり、心に留めておきたいと思った。

再論するようであるが、今回のテーマは、私個人にとっても誠に時宜を得た好企画であり、有意義な時間を過ごすことができた。ただ、各報告における主旨や意図を私のほうで曲解している部分もあるやもしれないので、各報告者の方々や大石学会長をはじめ、時代考証学会の皆様には、その点のお許しを請うとともに、シンポジウムに参加させていただいたことに感謝申し上げ、本参加記を擱筆する。

「時代劇メディア」制作におけるリアリズム
―第五回シンポジウムの成果と課題―

門松 秀樹

はじめに

第五回時代考証学会シンポジウムは、「時代劇メディアが語る歴史―表象とリアリズム―」をテーマとして、二〇一三年一一月二三日に東京学芸大学を会場として開催された。シンポジウムでは、門野里苗氏(時代考証学会)、小泉隆義氏((株)学研教育出版 図鑑・百科編集室シニアプロデューサー)、岸聡光氏(NHKアート 番組美術部エグゼクティブ美術デザイナー)、宍戸開氏(俳優、写真家)の四名の報告者からの個別報告と、報告者全員をパネリストとするパネルディスカッションを中心に議論が進められた。

時代考証学会では、大河ドラマなどのテレビドラマや映画などの映像作品のみならず、演劇や小説、さらにはマンガやゲームなどの様々なメディアにおいて歴史を題材とする作品群を分析の対象とすべく、これらを総称して「時代劇メディア」と位置付けている。本シンポジウムでは、「時代劇メディア」の制作に当たって、制作者がリアリズムとどのように向き合っているのか、また、「時代劇メディア」の受容者である市民が、受容した作品に対してどのように反応しているかなど、制作者と市民の双方の観点から検討を試みている。第四回シンポジウムまでに積み重ねられてきた制作者を中心とする議論をさらに進化させる一方で、市民の「時代劇メディア」に対するレスポンスという新たな分析視角が加えられたことが本シンポジウムにおける特色といえよう。

佐藤宏之氏（時代考証学会）の趣旨説明に従って、本シンポジウムにおける各報告の位置づけを整理すれば、以下のように考えることができる。図「時代劇メディア作品と市民の関係構造」（10頁）における「脚本家・プロデューサー」の観点から時代劇メディア制作におけるリアリズムの在り方を考察するのが、小泉氏による報告である。また、「演出・美術・人物デザイン・所作指導など」の観点からの考察が岸氏による報告となり、「演じ手」の観点からの考察が宍戸氏による報告である。そして、「市民」の「時代劇メディア」作品に対する反応とフィードバック、すなわち「批評・感想・関心」についての考察が門野氏による報告となる。

本シンポジウムにおいて、「時代劇メディア」制作の各段階における作品制作とリアリズム、時代考証の関係を問うこととなったのは、「時代劇メディア」を通じて市民に語りかけられる「歴史意識」が、制作各段階における各々の意図が重なり合い、その総体として作り出されているという事実を踏まえたものであり、佐藤氏は意味生産の重層性を重要視している。

加えて、本シンポジウムにおいては、時代考証学会の提唱する「時代考証学」の確立に向けて、改めて「時代考証学」に関する定義が佐藤氏より示された。すなわち、「時代考証学」とは、「『物語がなぜそのようなかたちで存在するのか』、『史実がどのような現実を作りあげているのか』を問う学問」である。「時代劇メディア」が重層する意図のもとで制作され、いかなる歴史叙述を為し、また、受容者がいかなる「時代劇メディア」を通じて歴史意識を形成するのかを検討するという本シンポジウムの目的は、「時代考証学」の問題意識に沿うものでもあり、その確立に向けての歩みを進めることもまた試みられているといえる。

以下に、本シンポジウムにおける各報告及びパネルディスカッションの概要を示し、その成果と課題について論じていきたい。なお順序は、シンポジウム当日の報告順、本書掲載順とも異なるが、図「時代劇メディア作品と市民の関係構造」に準じることとする。

一　小泉隆義「マンガと時代考証」―プロデューサーの観点から―

まずは、小泉隆義氏による「マンガと時代考証―学習マンガを中心として―ある編集者の私見」である。本報告は、既述の通り、「プロデューサー」の観点に立ち、「時代劇メディア」作成におけるリアリズムの在り方と時代考証の関係について考察を行うものであった。小泉報告においては、まず、日本における学習マンガの歴史を整理した上で、学習マンガに求められるリアリズムや時代考証との関係に対する考察などを行った。その中で、歴史を題材とする学習マンガにおいては、正確性や学問的裏付けが必要となるのは当然の前提であるとしつつも、「マンガ表現におけるリアリティー」、すなわち、マンガの中におけるキャラクターの動きや行動に矛盾がないことが重視され、必ずしも学問的事実とは両立しないという指摘があった。また近年は、登場する歴史上の人物の描写についても、読者が「美男・美女」を望む傾向があり、歴史的事実とは異なる人物の描写となりつつあることが示されたが、そもそも、歴史上の人物の肖像画や彫像として伝えられてきた資料が本人のものであるとは限らないという近年の学術研究の成果により、歴史上の人物イメージに変化が生じているという問題が指摘された。

学習マンガにおいては、主たる読者である子供が、より内容を理解しやすくするためにするためのフィクションを採り入れなければならない場合もある。ゆえに、キャラクターが「美男・美女」であるか否かよりも、キャラクターの存在感やストーリー、歴史的背景の「リアル」こそが重要であり、学習マンガとしてのフィクションを不自然ではなく「リアル」にしていくための時代考証が重要な意味を持つとして、時代考証の意義が論ぜられた。

一方、学習マンガ制作における問題として、漫画家や編集者などの制作者の世代が下ることで、「日本史」を高校で学ばないために「日本史」の知識をほとんど持たない場合や、「着物の左前」や「刀の差し方」といった、かつては常識とされていた知識を持たない制作者が増えつつあり、歴史マンガの制作に大きな影響を及ぼしていることも指摘された。その解決の手段として、画像を中心とする時代考証資料のデータベース作成の必要が提起されたことは、時代考証学会にとっても、今後検討を行うべき重要な課題の提示であるといえよう。

二　岸聡光「ドラマ美術と時代考証」―美術スタッフの観点から―

次に岸聡光氏による「ドラマ美術と時代考証」である。小泉報告において、マンガのリアリティーを高めるためには、背景などの描写を充実することが重要となるという指摘があった。本報告は、「美術」の観点から「時代劇メディア」制作におけるリアリズムに対する考察を行うものであるが、テレビドラマなどの映像作品において、マンガの背景描写に相当するのが、セットや大道具・小道具などを担当する美術スタッフであると見ることもできる。ゆえに、映像作品におけるリアリズムの追求について考えた場合、「美術」が果たす役割は大きいものとなるといえよう。

岸報告においては、二〇一三年大河ドラマである『八重の桜』を事例として、デザインプランの作成手順や実際の美術製作の手順、CGをはじめとする新技術の活用などについて具体的な解説が為された。その上で、時代劇における時代考証の必要性について、「間違った史実を描かないことで、視聴者を混乱させないように努める」ことが、創作であるドラマ制作においても求められるがゆえに、史実と創作を明確に区分し、史実を描く場合には史料的根拠に基づいて描くために時代考証が必要かつ重要であると指摘されている。

また、ドラマ美術におけるリアリズムの問題については、「時代感」や「時代らしさ」を視聴者に伝えるという観点から、実際の美術製作における様々な留意点を事例に説明が為された。例えば、時代劇において描かれる様々な行事や儀式を、史料に基づいてできるだけ正確に再現することや、武家屋敷や町屋の建物の造りや格式の違いを表現することなどが「時代らしさ」を表現するための手法のひとつである。一方で、史実を忠実に再現することで、かえって現代に生活する視聴者の感覚からかけ離れ、ドラマとしての説得性を失うということも起こり得るため、視聴者に対する説得力を持たせるために、あえて史実とは異なる演出が必要となることがあることも指摘された。

他には、時代劇制作における重要な問題として、撮影における物理的な制約が指摘された。例えば、セットの製作に当たって、撮影スタジオの面積から生ずる舞台の再現性の問題である。さらには、ロケーション撮影を行う場合、ビルや鉄塔といった近代的な施設・建造物が映り込まない場所を選定しなければならないということや、現存する歴史的建造物で撮影を行う場合であっても、消防法などによって設置が義務付けられている火災報知機や消火設備などが画面に映らないような工夫が必要となるという問題も存在する。このため、史実とは異なる場所でのロケーション撮影やセット製作などをせざるを得ないという制約が課せられるため、時代考証により史実を理解していたとしても、その成果を完全に反映できない場合があるということが、『八重の桜』や、二〇〇三年大河ドラマ『武蔵』などを事例として論じられた。

その他の論点としては、時代劇制作技術の保全が喫緊の課題であるとして、制作スタッフの、いわば「職人仕事」を継承するために人材育成が必要であることが、新技術の利用による時代劇制作における可能性の拡大とともに論じられた。

三　宍戸開「時代劇メディアにおける演じ手の役割」―演じ手の観点から―

続いて、宍戸開氏による「時代劇メディアにおける演じ手の役割」である。本報告は、工藤航平氏（時代考証学会）との対談形式で、演じ手としての観点から、時代考証の果たす役割や、役作り、「時代劇メディア」におけるリアリズムに対する考察が為された。

宍戸報告においては、様々な考証や指導から提示される情報が、演じ手にとって、特に役作りの際に有用であることが、宍戸氏の経験に基づいて説明された。役作りという点に関しては、かつての「時代劇メディア」作品で演じられた徳川吉宗像と、宍戸氏自身が演じた徳川吉宗像との違いである。『コズミックフロント』における「天文将軍徳川吉宗」（二〇一三年九月二六日放送）で宍戸氏が演じた吉宗は、一九九五年大河ドラマ『八代将軍吉宗』における西田敏行氏や、『暴れん坊将軍』における松平健氏の吉宗像とは一線を画し、天体望遠鏡を用いて天体観測を行うという「意外な一面」を描いたものであり、様々な考証を通じて得た情報が「演じる側としても大変心強い」として評価された。

また、宍戸報告では、宍戸氏自身が写真家「五影《いつかげ》開《かい》」として活動している経験が、効果的なカメラへの映り方など、演技を行う上でも有用であることなども、実例を挙げて解説が為された。さらには、近年、テレビドラマ等における時代劇制作が低調である傾向に対しても、国の文化・芸術政策として、より手厚い支援が必要であることが論じられたほか、視聴者に受容されるためには、よりわかりやすい時代劇を制作する必要があるということも指摘された。

例えば、子供が理解しやすいように、現代語を用いて行うなど、いわば「初心者向け」の時代劇制作と、精密な考証作業に基づく時代劇制作を分けて行い、「初心者向け」の時代劇をより多く制作することで、視聴者の時代劇に対する興味を惹く努力が制作側にも求められているのではないかという提言も為された。

四　門野里苗「時代劇メディアと学問・観光の関わり」
―「時代劇メディア」の影響と市民の反応―

次に、門野里苗氏による「時代劇メディアと学問・観光の関わり―『鬼平犯科帳』を題材に―」である。本報告においては、池波正太郎原作の『鬼平犯科帳』シリーズについて、特に小説に着目して、「時代劇メディア」として『鬼平犯科帳』が与えた影響に対する考察が行われた。

門野報告においては、まず、『鬼平犯科帳』関連書籍の出版状況について整理が為され、『鬼平犯科帳』の主人公である長谷川平蔵や、平蔵によって創設された石川島人足寄場に対する解説・研究よりも、小説やテレビドラマに登場する場所や食べ物などの解説・ガイドが多く、いわゆる『鬼平犯科帳』所縁の地を巡る「まち歩き」に関心が集まっている傾向が指摘された。

一方、『鬼平犯科帳』という「時代劇メディア」作品の受容者の例として、「人足寄場顕彰会」が採り上げられた。同顕彰会について、小説・テレビドラマによって市民に広く受容された長谷川平蔵のイメージを注視し、史実における平蔵像やその事績である人足寄場の創設を顕彰する目的で顕彰会が発足したという観点からの考察と、同顕彰会が設立された一九七三年当時において、法制史研究者や法曹家を中心に議論されていた監獄法の改正を巡って、『鬼平犯科帳』における長谷川平蔵のイメージを利用して、自らの主張を社会的に浸透させようとする狙いがあった可能性について検討が加えられた。事実として、同顕彰会設立後、長谷川平蔵や人足寄場に関する研究が活性化しており、「学問の進展が、学術団体の動きと時代劇メディアの相互作用によってもたらされた」という評価が為された。

さらには、『鬼平犯科帳』の小説の再版・電子書籍化やテレビドラマの再放送により、市民の間で受容者が再生産され、『鬼平犯科帳』に影響を受けた「まち歩き」などを通じて、「時代劇メディア」が新たな観光資源の創出や、さらには「まち歩き」から江戸文化の研究が深められるなど、学術研究に対しても多大な影響を与えることが確認された。そして、「時代劇メディア」は様々な影響を社会に対して及ぼすが、その受容者が多数に上る場合は、その影響が何らかの社会的な動きに発展していく可能性が高いことが論じられた。

五　パネルディスカッション

門野・小泉・岸・宍戸の各氏からの個別報告後、報告者をパネリストとするパネルディスカッションが行われた。パネルディスカッションでは、主として、「時代劇メディア」制作者がリアリズムをどのように考え、作品に反映させようとしているのかという制作者の観点からの論点と、受容者が「時代劇メディア」作品の制作意図をどのように受け止め、反応しているのかという、受容者の観点からの論点について議論が進められた。

前者の論点については、小泉氏より、求められるリアリズムの水準は、「時代劇メディア」の種類・性質によって異なることが指摘された。すなわち、一般のゲームやマンガと学習マンガを比較した場合、後者の方がより高い正確性が求められるということである。さらには、リアリズムの追求を巡っては、小泉氏や岸氏から、マンガやテレビドラマにおける背景描写が精密であるほど、作品により高いリアリティーを与えることができる一方で、完全な史実の再現が困難である以上は、受容者が期待するリアリティーを損なわないように、強調や省略を行う必要があることが指摘された。宍戸氏からは、正確な理解や知識に基づいて受容者の理解を容易にするために強調や省略を加えていくことと、知識や情報を持っていないために描写ができないということは全く異なるものであり、的確な強調や省略を行うためには時代考証が重要であるという指摘が為された。

また、「時代劇メディア」は、図「時代劇メディア作品と市民の関係構造」に示されているように多くの段階があり、様々な人々の手を経て制作が進められている。それ故に、制作の各段階における情報の共有や、さらには時代考証に関する資料群の整理が必要とされ、時代考証に関係する諸資料のデータベース化が望まれていることが小泉氏や岸氏から指摘された。

受容者の観点に立った論点については、門野氏から自身の経験に基づいて、「時代劇メディア」作品の受容と、作品に対する反応について説明が為された。また、「時代劇メディア」の制作者側は、受容者をどのように意識して作品の制作に当たるのか、という問題提起に対して、マーケティング・リサーチによるデータの収集と、その分析が重要であるということが論じられた。小泉氏より、マーケティング・リサーチで収集したデータには受容者の作品に対する期待や要望が完全に反映されるわけではないため、全体を統括する立場にあるプロデューサーなどによるデータの分析や判断が大きな意味を持つことがしばしばあることが指摘された。宍戸氏からは、これらに加えて、受容者にも、自らの持つ固定観念などを排して「ニュートラル」な立場から作品を鑑賞する姿勢が求められるのではないかという指摘があった。

パネリストとフロアとの間の質疑応答では、宍戸氏の「時代劇をもっと見てもらうには何が必要か」との問いかけに対して、フロアからは「言葉」という回答があった。宍戸氏が個別報告において指摘したように、受容者が内容をより理解できるような配慮が必要であり、シンポジウムを通じて、「初心者向け」の時代劇制作の必要性をフロア側の回答者も持ったといえるのではなかろうか。他には、フロア側から小泉氏と岸氏に対して、「出版・放送後の作品に対するクレームに対する対応」に関する質問や、岸氏に対して、「ドラマ作成におけるキャストの実年齢と劇中で演ずる人物の年齢の違いの問題」などに対する質問があった。

おわりに―第五回シンポジウムの成果と課題―

本シンポジウムにおいては、「時代劇メディア」の制作者がいかなる過程を経て作品を制作し、また、受容者である市民がその制作意図を受け止め、作品に対する反応を示しているのかという、制作者と受容者の双方の観点から、「時代劇メディア」制作におけるリアリズムの問題に対して分析と考察を行った。前者の観点からは、小泉氏・岸氏・宍戸氏の各報告を通じて、「時代劇メディア」作品が様々な段階を経て制作される「総合芸術」としての性格を有することに留意して、「時代劇メディア」作品を通じて市民に語りかけられる「歴史意識」が重層的に形成されたものであることから、制作各段階における意図や決定の在り方について分析を行った。また、後者の観点からは、門野氏の報告を通じて、「時代劇メディア」作品が市民や社会に与えた影響についての分析を行った。

上述の二つの論点から考えると、本シンポジウムにおける成果を以下のように整理することができよう。

まず、「時代劇メディア」作品の制作における各段階においてそれぞれ為される決定や判断、意図を明示するという、第四回シンポジウムまでの間に重ねられてきた各報告における分析・考察の蓄積に基づき、その意義を明らかにするとともに、「時代劇メディア」作品の総体においていかに位置付けられるかを示すことで、過去のシンポジウムにおける蓄積を整理することができたことを挙げ得る。特に、本シンポジウムでは、「時代劇メディア」作品の制作に当たり、全体を統括する「プロデューサー」、制作現場における重要なスタッフである「美術」、キャストである「演じ手」が一堂に会して報告とパネルディスカッションを通じて議論を行うことで、「時代劇メディア」作品制作における各段階と作品全体における制作意図の位置付けや整理がより容易になったといえる。

次に、受容者である市民の「時代劇メディア」作品に対する反応に分析と考察を進めた点である。時代考証学会が提唱する「時代考証学」は、「時代劇メディア」作品を通じて、制作者と研究者、市民が双方向の関係を持つこと、すなわち、作品制作や学術研究の成果、市民の作品に対する反応が相互にフィードバックされる関係を念頭に置いたものである。しかし、過去のシンポジウムにおいては、制作者の意図に対する分析・考察が中心となり、市民の観点からの分析・考察は必ずしも十分であったとは言えなかった。本シンポジウムにおいて、「時代劇メディア」作品が、受容者である市民の反応を通じて、学術研究や社会に対して影響を与えたことが明らかにされたことは、市民が一方的な受容者ではなく、作品に対する反応を通じて、「時代劇メディア」作品制作者や研究者に対する発信者と成り得る可能性を示したといえ、「時代考証学」を確立・定着していくための新たな一歩を踏み出したと見ることができよう。

一方で、本シンポジウムにおける課題としては、市民の反応に対する分析が必ずしも十分ではなかったことを挙げることができる。本シンポジウムにおいては、門野報告において、『鬼平犯科帳』と「人足寄場顕彰会」、市民の「まち歩き」との関係を事例として分析・考察が為されたが、「人足寄場顕彰会」や「まち歩き」に留まらず、市民の作品に対する反応をより広範に調査・分析していかなければ、市民の「批評・感想・関心」の実態を明らかにしたとはいえない。もっとも、市民の「時代劇メディア」作品に対する意識調査などを実施することは、現段階では、非常に制約が大きく、困難であることが容易に予想されるため、こうした問題については、今後、「時代考証学」を「市民学」と位置付けるために時代考証学会に課せられた重要な課題として検討を進めていきたいと考える。

また、本シンポジウムにおいてもたびたび指摘された、時代考証関連の諸資料のデータベース化などは、時代考証学会の活動に対する「時代劇メディア」制作者からの期待として捉えるとともに、やはり、本シンポジウムの課題というよりは、時代考証学会に対する将来にわたる課題として考えていかなければならない。

史実かドラマか
—時代考証と作品の関係をめぐるシンポジウム参加者の意識—

時代考証学会第5回シンポジウムでは、ご来場いただいた参加者の方々に任意でアンケートを実施し、29名の方からご回答をいただいた。69名の参加者のうち、約４割の方々からご回答いただいたことになる。以下にアンケートの集計結果を示し、簡単ではあるが分析と考察を行うことにしたい。(アンケート用紙は末尾に収録)

1　アンケートの設問と回答者の内訳

まず、第5回シンポジウムで実施したアンケートの内容は、別掲の通りとなる。

ご回答いただいた29名の方々の内訳については、以下の通りとなる。

年齢	男性	女性	記載なし	合計
10代		1		1
20代	5	4		9
30代		5		5
40代	2	2		4
50代	2	1		3
60代	1	1		2
70代	1			1
記載なし		2	2	4
合計	11	16	2	29

性別をご回答いただいた方は27名となり、そのうち、男性が11名、女性が16名であった。また、年齢については、25名の方からご回答いただき、最も多かったのは20代の９名、続いて30代の５名、40代の４名となっている。過去のシンポジウムにおけるアンケートと比較すると、回

答者の年齢層は10代から70代までと幅広く、20代の回答者が最も多いという傾向が続いているといえるが、今回は、50代以上の回答者の割合が低下しているようである。

また、回答者の職業については、ご回答をいただいた方では、学生や会社員を中心に、編集者やライター、漫画家など、出版関係に携わる職業の方が見受けられた。

2　時代劇に対する関心

質問１　時代劇をご覧になりますか。 はい／いいえ

はい	いいえ	合計
29	0	29

印象に残った作品や好きな作品があれば挙げてください。（複数回答可）

【大河ドラマ・スペシャル大河ドラマ】
新選組！、功名が辻、八重の桜、葵徳川三代、篤姫、独眼竜政宗、平清盛、太平記、龍馬伝、大河ドラマ全般、坂の上の雲
【テレビドラマ】
暴れん坊将軍、江戸を斬る、大奥、鬼平犯科帳、御宿かわせみ、慶次郎縁側日記、剣客商売、子連れ狼（北大路欣也主演）、新・半七捕物帖、ＪＩＮ、塚原卜伝、天下御免、八丁堀の七人、水戸黄門、用心棒（藤沢周平原作・村上弘明主演）、ＮＨＫ金曜時代劇シリーズ、必殺シリーズ、年末時代劇スペシャルシリーズ（日本テレビで1985～93年放送）
【ドキュメンタリー・教養番組】
その時歴史が動いた
【映画】
風立ちぬ（アニメ）、清州会議、十三人の刺客、蠢動、たそがれ清兵衛、忠臣蔵、武士の一分

29名全員から「はい」という回答をいただいた。

印象に残った作品や好きな作品については、以下の通り、大河ドラマを中心として、『暴れん坊将軍』や『必殺』シリーズ、『鬼平犯科帳』や藤沢周平作品など、多くの作品が挙がっている。また、作品の放映年代についても、『天下御免』（1971～72年にＮＨＫで放映）などの過去の作品

から、『ＪＩＮ』(2009年及び11年にＴＢＳで放映)や『清州会議』(2013年公開)など、近年の作品が挙げられ、回答者の方々が幅広い年代の時代劇作品に対して関心を持っていることが窺える。

作品が題材としている時代については、大半の時代劇の舞台となる江戸時代が中心ではあるが、『平清盛』(2012年・大河ドラマ)や『坂の上の雲』(2009～11年・スペシャル大河)、『風立ちぬ』(2013年公開)など、江戸時代や戦国時代以外を題材とする作品も挙げられている。他には、歴史ドキュメンタリーではあるが、『その時歴史が動いた』(2000～09年・ＮＨＫ)を挙げる方もおり、古代や近代の作品が印象に残った作品や好きな作品として挙げられていることなどからも、回答者の歴史そのものに対する関心の高さを窺うことができよう。

質問２　時代劇をご覧になるとき、どの点に着目しますか。

（複数回答可）

①原作　②役者(演技)　③舞台　④脚本　⑤演出　⑥セット　⑦時代考証　⑧その他

①	②	③	④	⑤	⑥	⑦	⑧	無回答
8	21	3	16	11	5	11	3	1

最も回答数が多かったのは「②役者(演技)」(21点)で、次いで「④脚本」(16点)、「⑤演出」と「⑦時代考証」(11点)であった。時代考証が比較的上位を占めたことは、時代考証学会のシンポジウムに参加された方々を対象とするアンケートであることも大きな要因であると考えられるが、「⑧その他」として自由記載をされた方の中には「内容(話)」という記述もあり、「①原作」(８点)よりもドラマそのものの完成度に高い関心が寄せられていると見ることができる。

131　史実かドラマか

3　史実と創作

質問3　時代劇メディアで、広く知られているエピソードが史実と異なる場合、エピソードを優先すべきだと思いますか、史実を優先すべきだと思いますか。

エピソードを優先／史実を優先

エピソード	史実	どちらともいえない	無回答	合計
11	10	6	2	29

その理由をお答えください。

時代劇メディアにおいて史実と創作のいずれを優先すべきか、との問いに対して、ほぼ同数（史実優先が11点、エピソード優先が10点）の回答となり、自由記載欄を用いて、「どちらともいえない」と回答された方も６名に上るなど、意見が大きく分かれた結果となった。

「エピソード」とされた方々からは、「時代劇メディアはエンターテインメントであるため、エピソードを優先するケースが多くなるのでは」、「期待したエピソードが見られないとがっかりする」、「作品として面白い方がよい」などというご意見が寄せられた。他方、「史実」とされた方からは、「エピソード優先にすると話が盛りあがるのかもしれないが、ＴＶを見て、その時代・その人物を好きになる場合、まちがった認識を持ちたくない」、「嘘を本当だと思い込んでしまうため」、「エピソードは耳に入ってくるでしょうが、埋もれた史実はなかなか表に出てこない傾向にあると思うから。『あぁ、あのエピソードは作られたものなんだ』という驚きを味わいたい」といったご意見が寄せられた。「どちらともいえない」とされた方々からは、「その作品の狙いによって異なる」、「最良なのは両立できる表現だと思います」といったご意見が寄せられた。

時代劇メディア作品とリアリズム、また史実との関係は、本シンポジウムにおける検討課題のひとつであり、参加者の方々から多様なご意見を伺うことができたことは、非常に有益であった。時代考証学会のシン

ポジウムに参加される方々は、時代劇や歴史に対する関心の高い方が比較的多い傾向にあり、大きな歴史の流れや作品の素材となっている史実についての知識をすでに持っていると考えられるため、それを踏まえた上で、より史実に基づく正確な描写とすべきか、娯楽作品における創作部分として史実と異なるエピソードを許容するか、あるいは、作品の目的によって時代考証の正確性や史実の再現性に違いがあるべきとする、真摯なご意見を伺うことができたように思われる。

時代劇メディア作品とリアリズム・リアリティーの関係をどのように考え、時代考証がいかに在るべきかという問題は、時代考証学会の取り組み続けるべき課題として重要なもののひとつであるため、今回のアンケートの結果は、この課題に取り組むうえで非常に有用であるといえる。

4 時代劇メディア作品と市民の反応

質問４ これまでに時代劇メディアに啓発されて何かに取り組んだことはありますか。

はい／いいえ

はい	いいえ	無回答	合計
24	4	1	29

「はい」とお答えの方は、どういったことに取り組まれましたか。（複数回答可）

①作品の舞台となった地域への観光　②作品に関連する市民講座などの受講　③作品に関連する展示・展覧会の鑑賞　④関連書籍等の講読　⑤その他

①	②	③	④	⑤
17	6	9	21	4

まず、時代劇メディア作品に対して、24名と大半の方が何らかの取り組みを行うなど、積極的な反応を示されていることが明らかである。その内訳としては、「④関連書籍の講読」(21点) と「①作品の舞台となった

地域への観光」(17点)が多数に上った。本シンポジウムにおける門野報告では、『鬼平犯科帳』の関連書籍に関する分析や、「まち歩き」に見られる市民の行動に関する分析から時代劇メディア作品による観光資源の開発などが指摘されたが、本アンケートにおける調査結果からも、門野報告における考察内容に合致する傾向を指摘することができよう。

質問５　時代劇メディアは社会に対する影響力を持っているとお考えですか。 はい／いいえ

はい	いいえ	無回答	合計
28	0	1	29

「はい」とお答えの方は、どのようなメディアが影響がある(あった)とお考えですか。

①小説　②教科書　③マンガ　④ＴＶドラマ　⑤教養番組　⑥映画　⑦ゲーム　⑧その他

①	②	③	④	⑤	⑥	⑦	⑧
12	8	13	20	21	10	11	2

無回答であった１名を除いて、28名から「影響力がある(あった)」という回答をいただいた。「⑤教養番組」(21点)や「④ＴＶドラマ」(20点)をはじめ、「③マンガ」(13点)、「①小説」(12点)、「⑦ゲーム」(11点)、「⑥映画」(10点)、「②教科書」(８点)など、影響を与えたメディアとして、テレビや映画などの映像メディア、小説や漫画、教科書などの出版物が広範に指摘されている。「⑧その他」として、「演劇作品」という回答もあった。

従来、「時代劇」との中核として考えられてきたテレビドラマや映画、小説に加えて、マンガやゲーム及びその関連書籍などが大きな影響力を有していると考えられていることが明らかになったといえよう。時代考証学会では、マンガやゲームなどの新しいメディアも含めて、歴史を題材とする作品群を「時代劇メディア」と位置付けているが、今後は、時

代劇メディア作品が市民や社会に及ぼしている影響、さらには、市民や社会の反響が時代劇メディア作品に及ぼしている影響の分析をより深化させるとともに、マンガやゲーム、アニメなどの新たなメディアにおける作品群に対する分析を積極的に進めていくことが、時代考証学会における重要な課題であることを示す結果となったといえる。

おわりに

最後に、時代考証学会に対するご意見として、「『時代劇メディア』における『時代劇』の定義が不十分ではないか」、「関連領域として映像学や文献学など周辺の学問の視点が必要なのではないか」、「『受容者』にも様々なレベルがあり、シンポジウムに参加しないような層をどのように巻き込んで発信していくかを考える必要がある」など、時代考証学会における議論の中核に関わる重要なご指摘をいただいた。

また、今後、時代考証学会が取り扱うべきテーマとして、「若い世代が多く触れているであろうマンガ・アニメ・ゲームなどの時代劇メディア」や、「コミック原作の映画における時代考証」など、マンガ・アニメ・ゲームなどの新しいメディアに対する取り組みをご指摘いただいたほか、「歴史音源や方言など、音に関するテーマ」といった、全く新しい研究テーマについてもご指摘いただいた。他にも、「近代史なども採り上げるべきではないか」など、シンポジウムが採り上げる時代に対するご意見もいただいた。時代考証学会のシンポジウムでは、江戸時代や幕末・維新期を取り扱った作品を題材として採り上げることが多かったため、古代や中世、あるいは近現代など、近世以外の時代を対象とする時代劇メディア作品に対する考察・分析も、今後の課題として積極的に取り組んでいかなければならないと考えている。

なお、末文にて大変恐縮ではありますが、シンポジウムにご参加いただいた上、アンケートにご回答をいただきました皆様に心より御礼を申し上げます。
（門松秀樹）

第５回　時代考証学会　シンポジウム　アンケート

ご職業＿＿＿＿＿＿＿＿＿＿　性別＿＿＿＿　年齢＿＿＿＿

質問１

時代劇をご覧になりますか　　　はい　／　いいえ

●印象に残った作品や好きな作品があれば挙げてください（複数可）

（　　　　　　　　　　　　　　　　　　　　　　　　　　　）

質問２

時代劇をご覧になるとき、どの点に着目しますか（複数可）

①原作　②役者（演技）　③舞台　④脚本　⑤演出　⑥セット　⑦時代考証

⑧その他

（　　　　　　　　　　　　　　　　　　　　　　　　　　　）

質問３

時代劇メディアで、広く知られているエピソードが史実と異なる場合、エピソードを優先すべきだと思いますか、史実を優先すべきだと思いますか

エピソードを優先　／　史実を優先

●その理由をお答えください

（　　　　　　　　　　　　　　　　　　　　　　　　　　　）

質問４

これまでに時代劇メディアに啓発されて何かに取り組んだことはありますか　　はい　／　いいえ

●「はい」とお答えの方は、どういったことに取り組まれましたか（複数回答可）

①作品の舞台となった地域への観光　②作品に関連する市民講座などの受講

③作品に関連する展示・展覧会の鑑賞　④関連書籍等の講読

⑤その他

（　　　　　　　　　　　　　　　　　　　　　　　　　　　）

質問５

時代劇メディアは社会に対する影響力を持っているとお考えですか　　はい　／　いいえ

●「はい」とお答えの方は、どのようなメディアが影響がある（あった）とお考えですか

①小説　②教科書　③マンガ　④ＴＶドラマ　⑤教養番組　⑥映画　⑦ゲーム

⑧その他

（　　　　　　　　　　　　　　　　　　　　　　　　　　　）

質問６

今後、時代考証学会で取り上げたほうがよいとお考えのテーマはありますか

（　　　　　　　　　　　　　　　　　　　　　　　　　　　）

今回のシンポジウムについてのご意見・ご感想をご自由にお書きください

（　　　　　　　　　　　　　　　　　　　　　　　　　　　）

アンケートへのご協力、誠にありがとうございました

特論　大河ドラマ放映と観光地

大河ドラマの衣裳・小道具の展示効果について
―『篤姫』『龍馬伝』と鹿児島・高知を例に―

野本禎司

はじめに

小稿では、大河ドラマ撮影にともない制作される衣裳・小道具の展示のあり方に着目し、大河ドラマの舞台となる地域でのその展示効果について考えてみたい。

大河ドラマ撮影時に制作される衣裳・小道具が展示される主な場所は、大河ドラマ放映の舞台地に設置される大河ドラマ館であろう。大河ドラマ館とは、建設を希望する自治体が「ＮＨＫエンタープライズと内容を協議し、展示などの製作費や解体費などを含む金額を同社に支払って設置を任せる。開館できるのはドラマの放送期間に合わせ約1年間」という性格のものである(1)。大河ドラマ関連の展示は、『独眼竜政宗』（一九八七年）放映にともない仙台市が実施したのが始まりとされる(2)。大河ドラマ館をめぐっては、設置自治体の観光振興とその経済効果について注目されることが多い。このことは大河ドラマ放映がその舞台となる自治体の地域振興に与える影響がいかに大きいかを物語っているが、大河ドラマ放映期間中に多くの来館者があるわけであるから、その展示内容にも目が向けられてもよいのではないだろうか。

ここでは大河ドラマ館の展示内容のなかでも、大河ドラマ撮影にともない制作される衣裳・小道具の大河ドラマ館での展示、そしてその後の利用を追いかけ、大河ドラマ放映後の衣裳・小道具展示の可能性について考えてみたい。具体的には大河ドラマ『篤姫』(二〇〇八年放映)と鹿児島、大河ドラマ『龍馬伝』(二〇一〇年放映)と高知の二つの例を検討する。

一　大河ドラマ『篤姫』の衣裳・小道具

1　大河ドラマ館での活用とその後

大河ドラマ『篤姫』放映時の大河ドラマ館は、鹿児島市の複合商業施設ドルフィンポート内に「篤姫館」、指宿市のふれあいプラザなのはな館内に「いぶすき篤姫館」と、鹿児島県内に二か所設置された。

「篤姫館」は、二〇〇八年一月六日(日)に開館し、二〇〇九年一月一二日(月・祝)に閉館する予定であったが、好評であったことから会期を延長し、二〇〇九年三月三一日(火)に閉館した。「いぶすき篤姫館」は、二〇〇八年一月一二日(土)に開館し、予定通り二〇〇九年一月一二日に閉館した。入場者数は、「篤姫館」が六六万七〇〇〇人、「いぶすき篤姫館」が一七万六〇〇〇人であった。どちらも大河ドラマ『篤姫』が高視聴率でもあったことから予想を上回る入館者数となった。なお、『篤姫』の放映の経済効果について、鹿児島県地域経済研究所は二六二億円としている(3)。

展示内容は、「篤姫館」では、江戸城御鈴廊下風に再現したエントランス、江戸城大奥の篤姫自室のセット再現、篤姫ハイビジョンシアターなどによって構成され、「いぶすき篤姫館」では、生家である今和泉島津家の於一(篤姫)の部屋のセット再現、映像シアターなどによって構成されていた。ドラマで使用された衣裳・小道具の展示は、「篤姫館」では江戸城大奥の篤姫居室のセット再現空間に、「いぶすき篤姫館」ではエントランスに象徴的に展示された。とくに「篤姫館」の江戸城大奥の篤姫居室のセット再現空間では、衣裳を来館者が試着して記念撮影できるサービスが提供されていた。両館では、主役の篤姫を演じた宮﨑あおいさんの衣裳の展示を、観光客誘致の有力なコンテンツとして利用していたといえる。

さて、大河ドラマ館閉館後、「篤姫館」の展示資料は鹿児島市加治屋町にある「維新ふるさと館」にて一部継続して展示されることになった。大河ドラマ館の設置期間は放映年の一か年のみであるが、衣裳や小道具についてはその後も展示できることがわかる。「維新ふるさと館」は、一九九四年四月に開館した公益財団法人鹿児島観光コンベンションセンターが運営している施設である。「維新ふるさと館」が立地する加治屋町は、西郷隆盛・大久保利通をはじめとして明治維新に活躍した薩摩藩士たちが多く生誕した地であり、「維新ふるさと館」の展示内容は、明治維新を中心とした薩摩の歴史を主に映像などにて紹介するものとなっている。

「維新ふるさと館」には、江戸城大奥の篤姫居室のセット再現空間も引き継がれており、「篤姫コーナー」として位置づいている。ここに篤姫役の宮﨑あおいさんや和宮役の堀北真希さんが着用した衣裳が衣桁にかけて現在も展示されている。宮﨑あおいさんが着用した「朱地金雲に鳳凰の丸柄金襴振袖打掛」「朱地疋田に花柄格子金襴振袖打掛」、堀北真希さんが着用した「紅地亀甲地紋に向い蝶柄有職模様袿」などである。

大河ドラマ『篤姫』において、華やかな衣裳は、見た目の美しさだけでなく、ドラマにおける篤姫の境遇の変化の見せ方にも関わっており、ドラマの見せどころの一つであった。衣裳考証を担当した小泉清子氏は、これまで大奥を描いたドラマでも、衣裳は打掛か寝巻きのどちらかぐらいだったが、『篤姫』では、①今和泉島津家時代、②島津本家の養女になってからの鶴丸城時代、③江戸へ出てからの薩摩藩邸時代、④江戸城大奥時代と、篤姫の境遇の変化に

あわせて四つの変化を中心に衣裳のプランを立てて丁寧に描き、使用した着物の数は他のドラマには負けないと述べている。(4)

また、衣裳担当の制作スタッフ斎藤隆氏も「於一時代から鶴丸城、そして大奥に入るまでの打掛は〝赤〟がメイン。赤といっても朱に近い色から深紅までさまざま。元気に駆け回っていた於一から篤姫へ、イメージがどんどん変化していく時期なので、打掛はあえて色を変えないようにしたんです。その分、篤姫が大奥に入り御台所になってからは色数がぐんと増え、刺繍をほどこした豪華なものになりました。白綸子や萌黄色など、現存する篤姫の打掛の色に合わせたものと、さらに色違いのものを何枚かつくりました」と述べている。(5)

衣裳考証や衣裳担当スタッフのコメントから、「維新ふるさと館」に展示されている篤姫役を演じた宮﨑あおいさんが着用した「朱地」の打掛は、ドラマのなかで篤姫が江戸城大奥入城までに着用したものということになろう。それを頼りにドラマ映像にて確認してみると、「朱地疋田に花柄格子金襴振袖打掛」は第一九回「篤姫入城」にて、高畑淳子さんが演じる本寿院（一三代将軍徳川家定の生母）に篤姫が挨拶する際に着用していたものであったことがわかる。

ここで注意したいことは、実際に篤姫所用として伝来する打掛は、衣裳担当の制作スタッフも述べている白綸子や萌黄色のものであることである。(6)キャプションやパネルなどで実際に伝来している打掛の説明などがあればよいが、ここで紹介されるのはドラマで篤姫を演じた宮﨑あおいさんが着用したものであるということのみである。「維新ふるさと館」の「篤姫コーナー」の衣裳展示を通じて観覧者が理解する篤姫は、言うまでもないことであるが、大河ドラマ『篤姫』で宮﨑あおいさんが演じていたものである。つまり、大河ドラマの衣裳を通じてドラマの篤姫像（イメージ）が再生産される場となっているわけである。

2 鹿児島県歴史資料センター黎明館の展示

大河ドラマ館閉館後、鹿児島において『篤姫』で使用された衣裳・小道具を展示している施設に、鹿児島県歴史資料センター黎明館（以下、黎明館）もある。

黎明館は、明治百年（一九六八年）の記念事業として計画され、一九八三年に鶴丸城の本丸跡に開館した県立の人文系総合博物館である。大河ドラマ『篤姫』放映年には「ＮＨＫ大河ドラマ展」の会場となった。大河ドラマ関連の展示は大河ドラマ館だけでなく、博物館施設で歴史資料を展示する「ＮＨＫ大河ドラマ展」がある。「ＮＨＫ大河ドラマ展」は、『元禄繚乱』（一九九九年放映）から開始されたようである(7)。黎明館で開催された「ＮＨＫ大河ドラマ特別展『天璋院篤姫展』」（二〇〇八年九月六日～一〇月一七日）には、黎明館が通常開催する特別展の入館者数をはるかに上回る六万人の入館者数があった。また、黎明館の敷地内には、篤姫の功績を顕彰するため、二〇一〇年一二月に天璋院像が建立された（写真1）。黎明館は、鶴丸城の本丸跡地にあることもあり、篤姫とはゆかりが深い場所となっている。

黎明館において大河ドラマ『篤姫』の衣裳・小道具は一階ホールに展示されている。「篤姫コーナー」「二〇〇八年大河ドラマ篤姫　衣裳・小道具展」として、現在も「女乗物」や「打掛」などが展示されている。この展示コーナーで注目されるのは、ドラマにて利用された放映回とそのシーンの内容がキャプションに記されている点である。次に衣裳のキャプション三点を紹介したい。

「紅地金疋田に丸の内に四季花柄金襴振袖打掛」（写真2）

於一が鶴丸城で初めて斉彬と対面するシーンで着用しました。（第四回「名君怒る」）

「白地金立枠牡丹に二蝶の丸柄金襴振袖打掛」

写真１　天璋院像

写真２　紅地金疋田に丸の内に四季花柄金襴振袖打掛

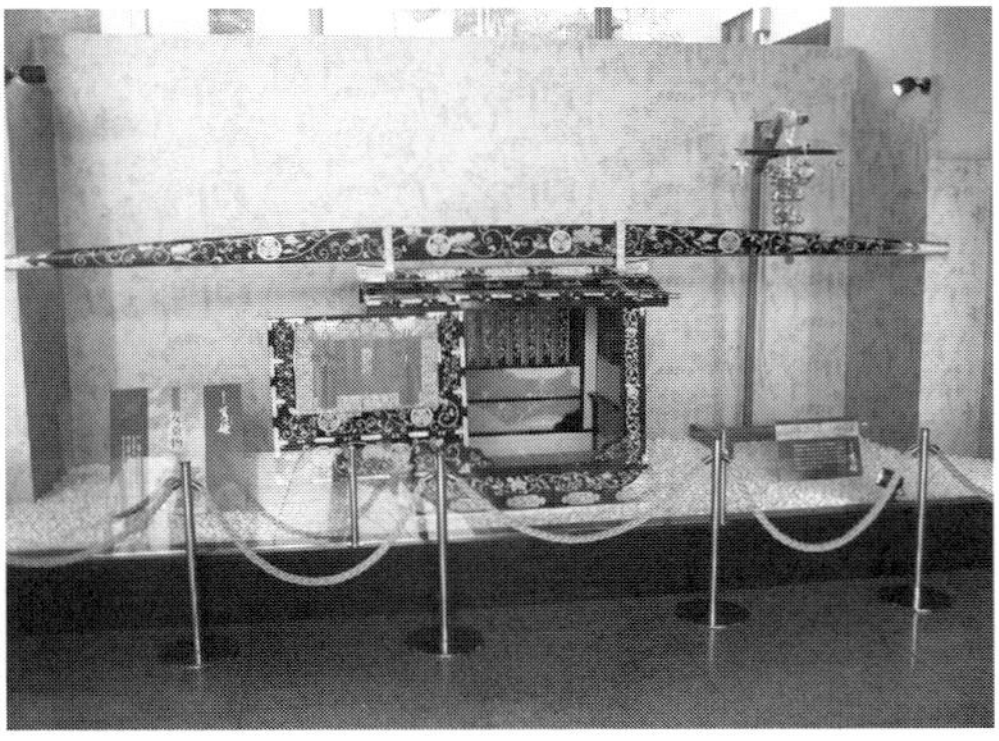

写真３　女乗物

「篤子」と命名され篤姫となった於一。斉彬と碁を打ちながら斉彬の本心を知った篤姫は御台所への決心をします。本家の姫としての修行シーン・碁のシーンなどで着用しました。（第九回「篤姫誕生」、第一〇回「御台所への決心」）

「鴇地立枠地紋に鳳凰に花丸柄金襴振袖打掛」

なかなか目通りを許してくれない篤姫に面会を求めるため、篤姫と幾島が座り込みをした江戸薩摩藩邸の書院のシーンで着用しました。（第一四回「父の願い」）

このようにドラマにおける使用場面の解説キャプションがあることで、観覧者はドラマのストーリーにリンクしやすくなる。つまり、「維新ふるさと館」と同様に、黎明館の「篤姫コーナー」も、観覧者に大河ドラマ『篤姫』の篤姫像（イメージ）を再生産させる場として位置づけられる。とくに衣裳は、先に衣裳考証や衣裳制作スタッフのコメントにもあるように、ドラマのストーリー展開に大きく関わっているので、大河ドラマの篤姫像（イメージ）の再生産という点からは象徴的なものといえよう。決してこれが悪いわけではないが、次に述べる小道具制作の経緯などを考えると、違うキャプションの作成の仕方もあるのではないかと考える。

まず黎明館「篤姫コーナー」に展示される「女乗物」（写真3）を取り上げたい。大河ドラマ『篤姫』の放映は、篤姫関連資料の発掘や江戸城大奥研究にも進展をもたらした(8)。その目玉ともいえるものが、篤姫所用の「黒塗二葉葵唐草葵牡丹紋散蒔絵女乗物」（スミソニアン協会アーサー・M・サックラーギャラリー所蔵）のアメリカでの発見と、東京都江戸東京博物館での展示である(9)。大河ドラマ『篤姫』制作のデスクをつとめた屋敷陽太郎氏は、「実物を見て、驚きとともに嬉しかったのは、本物の駕籠が、我々が創造で作った駕籠に非常に似ていたことでした」と述べている(10)。なぜ似ていたのか。NHKの制作スタッフは、鹿児島の尚古集成館収蔵の女乗物(11)と岐阜中津川の苗木遠山資料館所蔵の女乗物(12)という島津家ゆかりの女性の駕籠を調査した上で制作していた。NHK大河ドラマの小道具制作は、丁寧な調査を実施した上で制作されており、屋敷氏が実際の篤姫所用の駕籠をみて「似ていた」というのもうなづける話である。この「女乗物」の脇には、『篤姫』で使用された「御鈴廊下の鈴」が展示されている。この「御鈴廊下の鈴」には萌黄色の紐がつけられている。これは『御殿女中』に記された「お鈴の紐は、太い萌黄の打紐でした」(13)との記述を参照したものといえる。

次に「篤姫コーナー」の小道具の展示のなかの茵《しとね》（座布団）にも注目したい。これも実際の伝来資料とよく似ている。

公益財団法人徳川記念財団に篤姫所用の「茵　白綸子地笘牡丹唐草文縁錦」が伝来しており、これを参照して制作されたのであろう。

このようにNHK大河ドラマで使用される小道具は、制作スタッフが丁寧に調査して制作されている。であるならば、大河ドラマ放映にともない制作される衣裳や小道具を展示する際のパネルやキャプションには、制作過程を伝える内容を紹介してはどうであろうか。制作過程で参照された実際の史資料やその制作意図を伝えることによって、大河ドラマの衣裳・小道具の展示は、大河ドラマにおける篤姫像（イメージ）の再生産だけでなく、実際の歴史資料との関係のなかでとらえることができ、その時代背景となる歴史や文化財への理解を深めることにつながると考えられる。

二　大河ドラマ『龍馬伝』の衣裳・小道具・セット

大河ドラマ『龍馬伝』放映時に、高知県では「土佐・龍馬であい博推進協議会」（会長 高知県知事）が中心となって「土佐・龍馬であい博」を開催し、メイン会場としてJR高知駅前に「高知・龍馬ロマン社中」（高知県観光情報発信館「とさてらす」併設）、サテライト会場として安芸市に「安芸・岩崎弥太郎こころざし社中」、土佐清水市 海の駅あしずりに「土佐清水・ジョン万次郎くろしお社中」、檮原町檮原町立歴史民俗資料館に「ゆすはら・維新の道社中」の計四会場が設置された(14)。

展示内容は、映像資料（ハイビジョンシアター、『龍馬伝』シアター）を中心としたもので、各会場ともに地域の特徴をふまえながら観光情報の拠点としても機能するものであった。大河ドラマ『龍馬伝』の衣裳・小道具も展示され、とくに「安芸・岩崎弥太郎こころざし社中」では岩崎家のセット再現とともに展示された。大河ドラマ館での衣裳・

小道具の展示は、『篤姫』の時と同様に観光客誘致のための有力なコンテンツの一つとして利用されている。

四会場の会期は、すべて二〇一〇年一月一六日から二〇一一年一月一〇日まで、この期間に計九二万人の入館者数があった。日本銀行高知支店は、当初、大河ドラマ『龍馬伝』にともなう高知県内への経済効果を二三四億円と試算していたが、最終的には五三五億円にのぼった(15)。

大河ドラマ『龍馬伝』は高知県に大きな経済効果をもたらしたことから、ドラマ放映の翌年も高知県は坂本龍馬を中心とした「志国高知龍馬ふるさと博」（会期二〇一一年三月五日〜二〇一二年三月三一日）を開催した。JR高知駅前の「土佐・龍馬であい博」のメイン会場は、高知観光情報発信館「とさてらす」を中心に、七月九日には新パビリオン「『龍馬伝』幕末志士社中」を開館し、両館ともに現在も開館している。サテライト会場については、「安芸・岩崎弥太郎こころざし社中」は安芸観光情報センターとして、「土佐清水・ジョン万次郎くろしお社中」はジョン万次郎資料館として、「ゆすはら・維新の道社中」は同名のままリニューアルして再スタートを切った(16)。以下、二〇一二年三月に訪れたメイン会場（写真４）、なかでも新パビリオン「『龍馬伝』幕末志士社中」について述べていきたい。

「『龍馬伝』幕末志士社中」は、ドラマで使用された「坂本龍馬生家セット」の展示をメインとする会場である。入口には、大河ドラマ『龍馬伝』の題字をバックに、武市半平太役の大森南朋さんが着用した着物、岡田以蔵役の佐藤健さんが着用した着物、坂本龍馬役の福山雅治さんが着用するブーツの試作品などの衣裳・小道具が展示され（写真５）、さらに大河ドラマ『龍馬伝』の概要をまとめたパネルが掲示されていた。入口付近は、大河ドラマの衣裳・小道具が象徴的に活用されており、大河ドラマ館と同じようなつくりとなっている。『龍馬伝』の衣裳・小道具は、「坂本龍馬生家セット」の入口だけでなく、セット内の要所に展示されていた。「式台の間」の空間には「修行中心得大意」「北辰一刀流目録」「龍馬の木札」「網代小物入巾着」などの小道具がケースに展示され（写真６）、また「龍馬の

写真５　会場入口

写真４　「土佐・龍馬であい博」メイン会場

写真７　「龍馬の部屋」

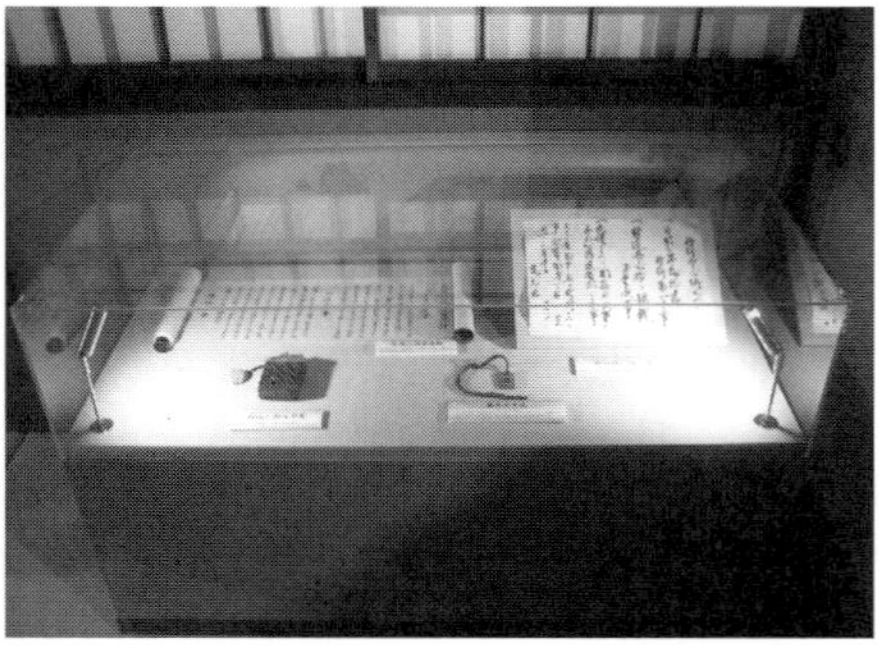

写真６　「式台の間」展示ケース

部屋」の空間には、坂本龍馬役の福山雅治さんが着用した着物が展示されていた（写真7）。

そしてこの「坂本龍馬生家セット」に入るに際しては、三つのパネルが掲示されており、セットを見学する上で重要な内容であった。A大河ドラマ『龍馬伝』チーフ・プロデューサーの鈴木圭氏によるメッセージ（制作意図）パネル[17]、B美術チーフ・プロデューサーの山口類児氏による「坂本龍馬生家セット」制作のこだわりをQ＆A形式でまとめたパネル、C「リアリティの限界に挑戦する「龍馬伝」美術スタッフのこだわり」という三つのパネルである。

まずBパネルの次の二点に注目したい。セット制作にあたって、①撮影開始前の二〇〇八年年一〇月頃から高知を訪れ、高知市五台山「濱口雄幸生家」や、安芸郡北川村「中岡慎太郎生家」、高知宮中町「旧関川家住宅民家資料館」などを訪れ、現地調査を行いイメージをつくったこと、②「家族とともに時間を過ごした年輪を家の造形に感じさせるために、家のセット空間のエイジング（映画テレビの世界で、経年変化の味出しの為の汚しのことを指す）に力をいれた」という点である。

次にCのパネルは、大河ドラマ『龍馬伝』および「坂本龍馬生家セット」制作のコンセプトを伝える内容であった。その内容をまとめると、①大河ドラマ『龍馬伝』制作のコンセプトワークは「今までにない時代劇をつくりたい。幕末という時代にタイムスリップして撮影したら、おそらくこう映るのではないかと視聴者に思わせる。そんなリアリティあふれる作品に仕上げたい」というものであったこと、②「坂本龍馬生家セット」制作については、「風通しのいい家」というコンセプトで取り組み、「スタッフが追求したのは『徹底的なリアリティ』。幕末と呼ばれる時代の生活を細部に至るまで追求し、今までの時代劇の常識をすべて打ち破りながら、当時の生活をリアルに再現することに徹底してこだわりました。構造が組み上がると、エイジングと呼ばれる塗装工程に入ります。これは、長年使いこまれた家のように、建物の構造や建具などに『よごし』と呼ばれる自然な経年変化を施す特殊効果で、これによってセットに、より自然な生活感を与えることができます。さらに撮影時の埃っぽいイメージは、舗装道路などがない当時、風が吹けば当然土埃が舞うという考えに基づき、コーンスターチを使って埃っぽさを表現しました」と「ディテール」にこだわったことが書かれていた。

これらのパネルからは、大河ドラマ『龍馬伝』で「人物デザイン監修」を担当した柘植伊佐夫氏と美術スタッフとの制作のあり方の共有が読み取れる。それは①コンセプトをワンワードで明文化すること（「坂本龍馬生家セット」でいえば「風通しのいい家」ということになろう）、②「リアリティ」の追求、③「コーンスターチ」などによる「よごし」である[18]。

さらに、この『龍馬伝』制作コンセプトは、小道具制作担当者まで共有されている。祝大輔氏は、「今までの大河ドラマの常識をひとつひとつ疑ってかかり、それが時代的に本当にリアルなものなのかどうかを、微細に調べあげていくアプローチが取られました。さらにその上で、そこから当時の人たちの意図や時代背景を汲み取り、例えばこういうこともありえるのではないか?と想像を膨らませ、現代的なアプローチから当時のリアルに落とし込んでいくという作業を繰り返してきました。『リアル』を知り『リアリティー』を実践していくというのも大切なコンセプトでした」と述べ、このコンセプトにもとづく小道具制作のプロセスを具体例的に紹介している[19]。

大河ドラマ『龍馬伝』は、制作チームが一体となってコンセプトを共有し、セットから小道具に至るまで、徹底した資料調査のもと「リアリティー」を追求して制作を進めていたことがわかる。このコンセプトは、「坂本龍馬生家セット」にどのように具現化されているのだろうか。このことをわかりやすく伝えるため、セット内には「見どころ案内板」（写真8）が設置されていた。その内容を一覧表にまとめたのが表1である。

表１　「坂本龍馬生家セット」見どころ案内板一覧

二〇一二年三月現在

1	特別な式台	ここは、黒潮の荒波をイメージした漆喰壁が見事な、主人（父の八平）や身分の高い客人だけが出入りできた当時の玄関です。では、龍馬ら家の者や身分があまり高くない客人は、どこから出入りしたのでしょうか。実は、このすぐ先にある出入口からなんです。当時は、お父さんは威厳のある存在だったんです。今とはずいぶん違って…？
2	エイジング	このセットでは、大河ドラマ放送半世紀にわたる技術の粋を見ることができます。古びた感じを演出するため、新しい木材をバーナーで炙り、薬品をかけ、さらに天日に干しています。壁の地面近くを見てみると、白っぽくなっています。これは、雨の跳ね返りで付く泥を塗装で表現したものです。他にも、縁側の板の縁が丸く角が取れているなど隅ずみにまで使用感を出す工夫が施されています。
3	セットの植栽	ＮＨＫのスタジオにあった生家セットでは、全て本物の植栽が使われていました。ソテツやシュロといった南国土佐特有のものは、わざわざ高知から取り寄せるほどの念の入れようです。撮影開始前に美術スタッフが水をかけ、よりリアルに映るようにしていました。ここでは、長期の室内展示に耐えられるよう、ほとんどの植栽で、一枚一枚手作業で作られた花や葉を使っていますが、幹は本物です。少し離れてみると本物と見間違えるほどです。
4	スタジオに水路⁉	龍馬の生家跡の南側には、当時の水路が今でも残っています。幕末当時の坂本家に水路が引き込まれていたかは分かっていませんが、「龍馬伝」のスタッフは、裕福な坂本家であれば家の中まで水路を引き込んでいたのではないかと考え、敷地内のみならず屋敷の中にまで水路を引き込みました。スタジオの水路では、コイやフナが泳いでいたというから、その凝りようは驚きです。
5	龍馬と母	「龍馬伝」では、龍馬が幼少のころ労咳を患っていた龍馬の母、幸はこの離れにいました。幼い龍馬が、居間から心配そうに母を眺めているシーンが、非常に印象的でした。ここから居間の方をみると、反対側の庭まで吹き抜けているのがわかります。エアコン時代の高温多湿な土佐の家で見られる大きな特徴です。そこはかとなくノスタルジーを感じてしまいます。

6	記念に一枚	ここからの記念写真撮影はお勧めです。龍馬やお龍の衣装を着て今の縁側に座って撮影すれば幕末の雰囲気満点!!ご来場の思い出にどうぞ。記念撮影のお手伝いをしますので、お近くのスタッフにお気軽にお声かけください。
7	坂本家の絆	「龍馬伝」では、ここで家族そろって食事をしているシーンが印象的で、記憶に残っている方も多いはず。備え付けの写真と見比べて、誰がどこに座っていた確かめてください。坂本家は大変仲が良く、深い絆で結ばれていました。そんな家族を捨てて脱藩するのですから、龍馬の決意の強さ、志の高さを伺い知ることができます。
8	台所	ここにある囲炉裏やカマドなども高知に現存する古民家を参考にして作られました。置かれている調度品は、実際に撮影に使われたものに加え、中には檮原町の歴史民俗資料館からお借りした貴重なものもあります。台所には家の大黒柱も見事に再現されています。これだけリアルな造りだと、乙女ねいやの声が聞こえてきそうですね。
9	セットの裏側	実際のセットでは、この台所の上に龍馬の部屋がありました。階段が急で危険なため、ここでは切り取って最後にご覧いただくようになっています。美術スタッフが、こだわりにこだわって造り込んだセットですが、階段の隙間からのぞき込むとベニヤ板に「龍馬伝土間外」というマジック書きが見えます。この板の外側は、漆喰の壁を見せるため色を塗っていますが、カメラに映らないところは、木地がみえたままになっています。
10	「郷士」の家	「郷士」の家により近付けるため、部屋の天井から槍掛けを吊るしたり、特徴的な欄間や釘隠が作られました。八平の部屋との間にある透かし欄間は、現存する武家屋敷にあったものを写真に撮り、忠実に再現したものです。坂本家の家紋に使われている「桔梗」を模した七宝焼き風の釘隠しは、美術スタッフが特にこだわって作ったものです。
11	龍馬の部屋	龍馬は、おおらかで大雑把な性格だったと言われています。部屋の中には、実際の撮影に使われた黒船の模型や書物、かざぐるまなどが乱雑に置かれています。育ちの良さから着物はきちんと衣紋掛けにかけてはいますが、よくみると斜めになっています。机の上には、書きかけの手紙が置かれ、部屋の前に佇んでいると、今にも福山龍馬が戻ってきそう…、そんな錯覚にとらわれます。

写真８　見どころ案内板

写真９　エイジングを施されたセット

写真10　囲炉裏やカマド

ここでは「リアリティー」を伝えていると考える五つの案内板に注目したい。№２では「大河ドラマ放送半世紀にわたる技術の粋」としてエイジングについて紹介している(写真９)。№３では撮影時には高知から取り寄せたソテツやシュロを使用し、よりリアルを心がけていたこと、№４では水路にコイやフナを泳がせていたこと。№８では囲炉裏やカマドなども高知に現存する古民家にあるものを参考に制作したこと(写真10)、№10では透かし欄間を、現存する武家屋敷にあったものを忠実に再現したことを伝えている。

これら「見どころ案内板」を通じて観覧者が実感することは、テレビ映像ではわからないこと、ドラマの裏側＝作り手の立場に立ってはじめて理解できる部分である。そして先述の三つのパネル内容、そして「見どころ案内板」の内容を通じて、大河ドラマ『龍馬伝』で使用されたセット・衣裳・小道具は、高知の実際の古民家や地域の風土をふまえて制作されたものであることもわかる。観覧者は、このパネルや「見どころ案内板」があることによって、地域の歴史文化に触れることが可能となっているのである。

なお、訪れたのが三月であったからか、「龍馬の生家で土佐のひなまつり」として、明治初期～中期とされる安芸郡奈半利町濱田家住宅や、室戸市吉良川町細木家住宅所蔵の雛人形も展示されていた。また、「見どころ案内板」No.8にも紹介されているように、台所の調度品には檮原町の歴史民俗資料館から借用して展示しているものもあった。『龍馬伝』幕末志士社中」の「坂本龍馬生家セット」は地域社会との連携のもと運営されていたことも注目される。

おわりに

大河ドラマの衣裳・小道具の展示は、どうしても人気の俳優の方が着用したという観光客誘致の有力なコンテンツとして展示されることになる。この場合は、衣裳・小道具は観光資源でしかなく、ここから生まれる展示効果は、大河ドラマにおける人物像・歴史像（イメージ）の再生産ということになろう。

しかし、大河ドラマの衣裳・小道具は、ドラマの制作意図にもとづき、丁寧な資料調査のもと制作されている。これを展示するに際しては、その制作過程の内容を伝えることが展示効果を高めることにつながると考える。テレビでみるドラマ映像ではわからない制作過程、これを伝える内容のパネルやキャプションの設置という一工夫で、大河ドラマの衣裳・小道具の展示は、観光資源としてではなく、観覧者に対して地域文化を伝える方法にもなると考える。つまり、大河ドラマの衣裳・小道具は、観光資源としてではなく、地域の文化資源として活用できると思うのである。

また、当然ながら制作過程を伝える内容のパネルやキャプションの設置は、時代劇をみるそのリテラシーを高めることにもつながるであろう。

大河ドラマ館は多くの方が訪れる施設である。大河ドラマ自体の情報提供や地域の観光振興という面もさることながら、その展示内容と効果についても注視されてもよいのではないか。

註

（1）「大河ドラマ館 人出に明暗」（『朝日新聞』二〇一七年二月二四日付朝刊、三五面）。
（2）鈴木嘉一『大河ドラマの五〇年―放送文化の中の歴史ドラマ―』（中央公論新社、二〇一一年）、三一一頁。
（3）奈良迫英光「大河ドラマの誘致と観光振興」（大石学・時代考証学会編『大河ドラマと地域文化―「篤姫」「龍馬伝」と鹿児島―』高城書房、二〇一二年）、竹村誠「歴史学と時代考証との関わり―大河ドラマ『篤姫』を題材に―」（大石学・時代考証学会編『大河ドラマをつくるということ―時代考証学の提唱―』名著出版、二〇一二年）。
（4）『NHK大河ドラマ・ストーリー篤姫　前編』（日本放送出版協会、二〇〇八年）、一〇四～一〇五頁。
（5）『NHK大河ドラマ・ストーリー篤姫　完結編』（日本放送出版協会、二〇〇八年）、九一頁。
（6）『天璋院篤姫』（NHK・NHKプロモーション、二〇〇八年）。
（7）市川寛明「大河ドラマと博物館展示」（註（3）『大河ドラマをつくるということ』）。
（8）竹村註（3）「歴史学と時代考証との関わり」、拙稿「時代考証と歴史学―大河ドラマ「篤姫」を題材に―」（大石学・時代考証学会編『時代考証学ことはじめ』東京堂出版、二〇一〇年）、崎山健文「大河ドラマと地域史―篤姫と鹿児島城大奥を中心に―」（註（3）『大河ドラマと地域文化』）。

（9）東京都江戸東京博物館特別展「珠玉の輿―江戸と乗物―」にて展示された。その経緯については、齋藤慎一「徳川将軍家の女乗物」に詳しい（『珠玉の輿―江戸と乗物―』東京都江戸東京博物館・読売新聞本社、二〇〇八年）。

（10）屋敷陽太郎「制作現場から見た、大河ドラマと時代考証」（前掲註（3）『大河ドラマをつくるということ』）。

（11）有村博康「大河ドラマのロケを迎える」（前掲註（3）『大河ドラマと地域文化』）。

（12）「コラム〈篤姫の駕籠〉のモデル女乗物を展示」（『天璋院篤姫ガイドブック』新人物往来社、二〇〇八年）。苗木藩遠山家一二代当主友禄の正室嘉姫が嫁いだ際に使用した駕籠で、嘉姫は佐土原藩藩主島津忠徹の二女。嘉姫の駕籠は、嘉姫の母が薩摩藩島津家から佐土原藩島津家に嫁いだときに用いられたものという所縁がある。

（13）三田村鳶魚『御殿女中』（中央公論社、一九七六年）、三二頁。

（14）大河ドラマ『龍馬伝』放映時の「大河ドラマ館」は長崎市にも設置された。長崎の内容については、工藤航平「長崎市におけるNHK大河ドラマ『龍馬伝』の影響―市民の歴史認識構築と地域文化の再生産―」（大石学・時代考証学会編『大河ドラマと市民の歴史意識』岩田書院、二〇一三年）を参照されたい。

（15）高知市におけるNHK大河ドラマと観光振興の全容については、中村容子「NHK大河ドラマを契機とした高知市の観光の取り組み」（『観光学論集』六、二〇一一年）、同「高知市のNHK大河ドラマによる観光振興」（『地理空間』九―二、二〇一六年）。

（16）『志国高知龍馬ふるさと博公式ガイドブック』（龍馬ふるさと博推進協議会発行）。

（17）大河ドラマ『龍馬伝』の制作意図については、鈴木圭「大河ドラマ『龍馬伝』のめざしたもの」（註（14）『大河ドラマと市民の歴史意識』）も参照されたい。

（18）柘植伊佐夫「時代考証と人物デザインの共鳴」（前掲註（3）『大河ドラマをつくるということ』）、同『龍馬デザイン』（幻冬舎、二〇一〇年）。

（19）　祝大輔「大河ドラマと小道具制作」（前掲註（3）『大河ドラマをつくるということ』）。

〔付記〕

小稿は、二〇一一年七月に時代考証学会が開催した第一回フォーラム「大河ドラマと地域文化―「篤姫」「龍馬伝」と鹿児島―」の開催後に行った巡見、公益財団法人放送文化基金の研究助成を受けて行った実地調査（二〇一二年三月、高知市）をもとにしている。掲載写真は、その際に筆者が撮影したものである。なお、「『龍馬伝』幕末志士社中」の「坂本龍馬生家セット」は現存しているが、セットの利用のあり方は茶屋コーナーなどをはじめ変わっているようである。

大河ドラマ『平清盛』放映と宮島
―宮島の特質と地域文化―

工藤航平

はじめに

本稿は、NHK大河ドラマ『平清盛』放映が、その舞台となった地域にどのような影響を与えるのか検証することを目的に、放映中である二〇一二年一〇月六日(土)と、放映終了一年余りが経過した二〇一四年三月二日(日)の二回にわたって実施した宮島巡見の調査報告である。

1　大河ドラマ『平清盛』とは

大河ドラマ第五一作品目にあたり、二〇一二年一月八日から一二月二三日まで、全五〇回が放映された。平清盛の生涯を中心とした平家一門の栄枯盛衰を、語り部である源頼朝の視点を通して描いた作品である。

今回の作品では、一九八〇年代以降に研究者の間で見直されてきた成果を反映させ、同じく平清盛を主人公とした大河ドラマ『新・平家物語』(一九七二年放映)とは違った清盛像を描くことが掲げられていた。また、様式美にとらわれず、人物デザイン監修や儀礼考証などを加え、当時のリアリティーを表現することで、視聴者にも実感をもって理解してもらえるような工夫がなされている。

日曜日二〇時からの本放送の視聴率は、初回一七・三％であったが徐々に数値を下げ、第二〇回以降は一〇％前後で推移し、平均視聴率は一二％となっている。

専門家らから高評価を得る一方、特徴的な映像表現や人物関係等の難しさが批判を受け、視聴率低迷の要因ともされた。そのため、解説特番の放送のほか、第七回から番組冒頭に「きょうの見どころ」コーナーが入れられたり、ツイッターを利用した同時解説など、視聴者にわかりやすく紹介する工夫が試みられた。

2　大河ドラマ「平清盛」と宮島

視聴者がドラマを見て観光に行こうとする時、最も密接に関わるのが、「清盛紀行」といえる。この「紀行」とは、各放送回の本編終了後、舞台となった地域や史跡などを紹介する一分程度のコーナーである。紀行で取り上げられた広島県内の史跡等は、次の通りである。

第一回（一月八日）厳島神社（廿日市市・宮島）

第六回（二月一二日）忠海（竹原市）

第一六回（四月二二日）音戸の瀬戸（呉市）

第二五回（六月二四日）地御前神社（廿日市市）

第三三回（八月二六日）音戸の瀬戸（呉市、北広島市）

第三六回（九月一六日）厳島神社（廿日市市・宮島）

広島県内では六回で四ケ所、宮島については、第一回と第三六回で厳島神社が取り上げられている。

また、広島県内で実際に撮影が行われたのは、厳島神社のほか、呉市安浦町柏島の砂浜が、清盛が育った海のシーン（第一回、第二回）と、清盛が海賊を成敗するシーン（第三回）である。

時代考証学会では、これまで大河ドラマ『龍馬伝』（二〇一〇年）放映前後の長崎市を事例に同様の調査を行っており、大河ドラマ放映後の地域社会への影響について比較し、同質性や特殊性について簡単にではあるが検討を加えている。(1)ここでは特に、大河ドラマ放映と地域の歴史・文化との関係性について、観光客に対する〝外向き〟ではなく、地域住民への〝内向き〟の取り組みに注目して考えてみたい。

一　宮島の歴史資産と観光事業の特質

本節では、宮島の観光事業と地域に残された歴史資産、そして大河ドラマ放映による観光客誘致との関係について、考えてみたい。

宮島は広島湾の最西端に位置する島で、島名は厳島神社に由来する。正式には「厳島」と称するが、平安時代末期以降には別称の「宮島」も頻出しているという。(2)北東約九キロメートル、南西約四キロメートルの長方形に近いかたちで、周囲は約三〇キロメートルという小さな島である。さらに、古くより島の大部分が信仰の対象となっており、手の加えられていない原生林が多く、人が生活できる土地は極めて狭い。そのため、フェリーターミナル周辺の二キロメートル程度の僅かな範囲に、古代以来の多くの史跡が密集しており、徒歩でも半日から一日で廻ることができるほどである。

また、現代における宮島の観光を語る上で、一九九六年一二月に、厳島神社、神社前面の海、背後の弥山の原生林を含む島全体の約一四％が世界文化遺産として登録されたことは、重要である。

1　平清盛ゆかりの史跡

そのなかで、宮島にある清盛ゆかりの主な史跡を拾い出してみると、次の通りである。


弥山…古くから神が宿る霊山として信仰の対象。

厳島神社…推古元年（五九三）創建。仁安三年（一一六八）、崇敬した清盛の援助を得て、廻廊で結ばれた海上社殿を造営。以後は平家の氏神となる。

大聖院…大同元年（八〇六）に空海が三鬼大権現を勧請し、弥山を開基して以来の歴史をもつ。真言宗御室派の大本山で、正式名称は多喜山水精寺大聖院。本堂は鳥羽天皇の勅願道場として創建。豊臣秀吉が歌会を催し、祈不動堂を再建して波切不動明王を奉納した。

清盛塚（経塚）…清盛が「一字一石経」を埋めたと伝えられる。

管絃祭…平清盛が都の管絃遊びを模して神事として催したのを起源とする。


宮島と平清盛・平家との関係は深いことがわかり、大河ドラマ放映を契機に、それにタイアップしたかたちでの観光客誘致を図ることは大いに効果的であるといえよう。

2　宮島の観光客数の推移

宮島の歴史資産だけを見ても、平清盛関連史跡といった観光客誘致の要素を挙げることができたが、ここであらためて宮島を訪れる観光客数の推移とその背景について見てみたい。

一九九四年から二〇一五年までの観光客数の推移（表1）を見ると、停滞期もあるが、二〇年間で一〇〇万人以上の増加を遂げており、着実に観光客数を伸ばしてきていることがわかる。

このうち、大河ドラマは一九九七年放映の『毛利元就』と、二〇一二年放映の『平清盛』の二作品があるが、放映前と比較すると、前者は二八〇～二九〇万人台のところ三一二万人となり、後者も三四〇～六〇万人台のところ四〇〇万人を超える観光客数となり、大幅な伸びを見せている。放映決定直後からの一連の観光推進キャンペーンも含め、大河ドラマの放映が観光客数の引き上げに大きな影響を与えていたと判断できる。

一方で、大河ドラマ放映翌年の数値を見ると、前者は四四万人の減少、後者は三万人の増加を見せる。後者の場合は、翌年に大規模な観光誘致事業である広島県ディスティネーションキャンペーン[3]が実施されたことが背景にあると考えられるが、翌々年にはやはり二〇万人弱の減少となっている。

では、大河ドラマ放映翌年に減少を見せるものの、段階的に観光客数が増加している要因はなんであろうか。『平清盛』放映翌年も四〇〇万人代を維持しえた要因はなんであったのだろうか。

観光客数の増加には、地元住民だけでなく、国内外の人々に広島・宮島に対して興味関心を持ってもらう必要があり、継続的な観光キャンペーンを行うことが求められる。その点では、表1からもわかるように、広島県では二〇〇〇年以降さまざまなテーマで大型観光キャンペーンを打ち出しており、近年でも一一年には「おしい！広島県」をキャッチフレーズとしたキャンペーンが注目され、翌一三年の広島県ディスティネーションキャンペーンと、二〇〇

○年代後半以降、断続的な観光キャンペーンを打ち出してきた。

観光客増加の要因としては、世界遺産人気の定着、出雲大社や伊勢神宮の遷宮などのほか、岩国空港の開港といった交通機関の充実も挙げられている(4)。

3　観光客の目的

では、観光客はどのような目的で宮島に来訪しているのであろうか。ここでは、二〇一二年に比治山大学短期大学部総合生活デザイン学科実務教育研究室が実施した、宮島の観光客増加に対する大河ドラマ『平清盛』放映の影響を明らかにすることを目的とした調査報告(5)から、関連する調査結果を引用しておく。これは、宮島への玄関口となるJR宮島口桟橋前において、放映中の六月の月曜日夕方および金曜日午前中に、のべ二八二名に対して行ったアンケート調査の結果をまとめたものである。

まず、県外より広島県へ観光に来た目的は宮島への観光を挙げた人が七一％と圧倒的であり、宮島への来訪回数を見ると、県内の人は三回以上が八三％、県外の人は初回が四四％という。県外からの来訪者は初めての人が半数近くとなっており、二〇一二年頃に宮島来訪を思い立つ契機があったことを示している。

次に、大河ドラマ『平清盛』の視聴状況を問う設問では、「観ていない」が県内四九％・県外四六％と約半数を占め、「毎回観ている」が県内一八％・県外三一％、「時々観ている」が県内一八％・県外二三％となっている。

そして、宮島への来訪目的を問う設問では、広島県内の人で最も多いのは、「その他」(三三％)を除くと「水族館見学」(三〇％)で、「宮島が好き」(二〇％)と続く。「大河ドラマを観て」は七％に止まっている。一方、県外の人を見ると、「その他」(一三％)以外では、「世界遺産に興味」(二〇％)、「大河ドラマを見て」(一七％)、「日本三景の一つ」(一

表１　広島県・宮島町の観光客数の推移

西暦	広島県	宮島町	観光に関連した主な出来事
1994	4316万人	301万人	10. 広島アジア大会
1995	4259	289	10. 厳島神社御鎮座1400年
1996	4542	298	広島国体、12. 世界文化遺産登録
1997	4742	312	大河ドラマ『毛利元就』放映
1998	4520	268	
1999	5098	248	5. しまなみ海道開通
2000	4844	242	11. 国民文化祭ひろしま2000開催
2001	4804	242	3. 芸予地震
2002	5061	261	
2003	4976	264	4. 厳島神社大鳥居塗替
2004	5098	262	広島県大型観光キャンペーン、9. 厳島神社台風被害
2005	5556	266	広島県大型観光キャンペーン
2006	5799	283	世界文化遺産登録10周年イベント等
2007	5761	308	
2008	5632	344	11. 宮島水族館閉館
2009	5530	346	
2010	5577	343	
2011	5532	363	8. みやじマリン開館
2012	5893	405	大河ドラマ『平清盛』放映
2013	6109	408	7～9. 広島県ディスティネーションキャンペーン
2014	6181	390	3～10. 瀬戸内しまのわ2014開催
2015	6618	403	

＊数値は、「万人」。小数点以下は、四捨五入。
＊広島県の数値は、広島県「平成27年［2015］広島県観光客数の動向」より引用。
　宮島町の数値は、廿日市市「宮島来島者数一覧表」より引用。

六％）、「宮島が好き」（一五％）となる。

広島県内からの観光客は何回も来島したことのある人が多く、その目的は水族館などレジャー的要素が強いといえよう。一方、他県からの観光客は初めての人が多く、大河ドラマや世界遺産など話題の観光地めぐりを目的としていることがわかる。ただ、数値上では、大河ドラマの〝視聴〟と来訪動機との直接的な関係は薄く、あくまでも観光コンテンツの一つという位置づけなのかもしれない。

これらの結果からは、大河ドラマ『平清盛』放映が宮島への観光客増加（特に県外から）に影響を与えたことがわかるが、それ以外を理由に挙げる人も多く、大河ドラマがどれだけ観光客の増加に寄与しているか、放映終了後の継続的な集客能力がどれくらいあるのかについては、更なる検討が必要である。

4　ガイドブックの比較

観光客が旅行の目的地や行程を考える際、ガイドブックやパンフレット、インターネットやメディアなどを利用することが多い。つまり、観光で訪れる地域の地理風土や歴史に対する認識の形成にも、これらのツールが重要な役割を果たしている。

そこで、大河ドラマ『平清盛』が放映された二〇一二年と前後二年のガイドブックを比較し、構成の変化や特徴を見てみたい。ここで比較対象とするのは、ＪＴＢパブリッシングから発行されている情報誌『るるぶ広島・宮島』である。このシリーズは、二〇一二年段階で、国内情報版だけでも一二〇点以上が発行され、一点あたり平均して約一〇万部を売り上げているという。一年から二年ごとに改訂版が出されていて、多くの市民に活用されている観光ガイドブックと言ってよく、比較検討する素材として適当と考える。各年の構成を一覧にしたものが表２である。

表２　旅行ガイドブックの構成比較

るるぶ '10(2009年８月)

世界遺産にも選ばれた神の島 宮島
・宮島のキホン Navi (解説有）弥山、大聖院、大願寺、宮島歴史民俗資料館、宮島伝統産業会館、厳島神社、豊国神社、五重塔、紅葉谷公園、表参道商店街、町家通り
・世界遺産だ！厳島神社
・厳島神社&周辺のひと味違う ツウなプラン シーカヤックツアー、夜の宮島さんぽ、古典芸能
・世界遺産だ！弥山
・あなごめし&カキ
・表参道商店街&町家通り
・宮島 more info 食べる・買う・カフェ・泊まる
特別付録①広島タウン&ドライブ MAP

るるぶ '13(2012年７月)

世界遺産 宮島を楽しむ５ヶ条
・厳島神社に参拝すべし
・表参道商店街さんぽすべし
・宮島２大グルメを食べるべし
・もみじまんじゅうを買うべし
・もっと宮島観光すべし 町家通り、水族館、弥山、宿
・まだある宮島観光スポット 厳島神社五重塔、厳島神社多宝塔、紅葉谷公園、豊国神社、宮島伝統産業会館
特別付録①宮島おさんぽ MAP
特別付録②「10分で知って、１日で旅する平清盛 BOOK」
特別付録③広島タウン&ドライブ MAP

るるぶ '12(2011年７月)

今年、注目しておきたい平清盛をチェック 大河ドラマ『平清盛』はこんなドラマです、大河ドラマにちなんで…平清盛ゆかりのスポットはこちらです(中国・四国地方)、年表
平清盛でアツイ☆世界遺産 宮島
・宮島１日おさんぽコース 御笠浜、厳島神社、厳島神社宝物館、宮島水族館、宮島ロープウエー、獅子岩展望台、豊国神社、町家通り、表参道商店街
・大河ドラマで注目の厳島神社
・清盛ゆかりのスポット&イベント 清盛神社、清盛塚、二位殿燈籠、舞楽、管絃祭、宮島清盛まつり、厳島神社宝物館
・宮島水族館
・弥山ハイキング
・カキ、あなごめし
・表参道&町家通り
・もっと楽しむ宮島めぐり 大聖院、大願寺、多宝塔、宮島歴史民俗資料館、紅葉谷公園
特別付録①宮島おさんぽ MAP
特別付録②広島タウン&ドライブ MAP

るるぶ '14(2013年７月)

〝世界遺産〟宮島
・厳島神社
・宮島三大グルメ
・＋α 表参道商店街・町家通り
・＋α 宮島人気観光スポット 水族館、弥山、大聖院、宮島歴史民俗資料館、厳島神社宝物館、厳島神社五重塔、豊国神社
・厳島神社に＋α 弥山ハイキング
・宮島のおすすめスポット 大願寺、厳島神社多宝塔、紅葉谷公園、宮島伝統産業会館 「清盛ゆかりの歴史スポット」清盛塚、二位殿燈籠、清盛神社
特別付録①宮島おさんぽ MAP
特別付録②広島タウン&ドライブ MAP

これら全ての年度に共通するのは、世界遺産としての宮島がメインに据えられていることである。その内容も、構成は若干異なるが、厳島神社、表参道商店街と町屋通り、宮島グルメ、弥山が、特に取り上げるべき観光スポットとして特集されている。そして、これに付随するかたちで、宮島観光スポットとして、五重塔や多宝塔、豊国神社や紅葉山公園などが簡単に紹介されている。観光スポットも含め、その内容は毎年ほぼ同一であり、特定の史跡のみが定番化していることがわかる。

では、大河ドラマ『平清盛』はどのようなかたちで、観光案内のなかに組み込まれているのであろうか。放映開始の半年前に刊行された二〇一二年度版では、冒頭に「今年、注目しておきたい平清盛をチェック」と題し、中国・四国地方の平清盛関連スポットとともに、大河ドラマ『平清盛』の情報がまとめられている。また、毎年の決まり文句である「世界遺産　宮島」の前に「平清盛でアツイ」と付け加えられるなど、大河ドラマの舞台であること、主人公である平清盛と深い関わりがあるということが強調されている。

一方、放映期間中に刊行された二〇一三年版では、本体部分については大河ドラマ『平清盛』の舞台の一つであることが簡単に触れられるのみである。放映後の一四年版では、大河ドラマに関する説明は皆無となっている。この一三年版では、特別附録②として平清盛の人物や歴史、宮島との関係が詳しく解説され、観光コースも清盛ゆかりの史跡をめぐるものが紹介されている。ここでは、一二年度版と同様に、宮島に限らず、音戸の瀬戸・呉コースや、広島県清盛ゆかりのスポットMAPなど、地域を超えた構成となっているのが特徴である。

ガイドブックの比較からは、大河ドラマ放映の如何にかかわらず、世界遺産が絶対的な観光コンテンツとなっていることがわかる。大河ドラマは世界遺産による観光客誘致を補足するものという位置づけと言っても過言ではないであろう。そして、大河ドラマという観光コンテンツは、宮島においては一過性のもので、放映前後を通じても観光紹介等に変化をもたらしたとまではいえない。

5　宮島住民の意識

観光客の目的やガイドブックの内容変化について見てきたが、ここで宮島町民がどのように宮島を認識しているのか、淺野敏久氏による意識調査の成果を引用して見てみたい（6）。これは、宮島が世界遺産に登録された後の二〇〇〇年二月に、電話帳に登録されている全七九〇世帯に対して郵送法によるアンケート調査を実施した結果に基づく成果である。回収率は約四二％で、回答した半数以上は六〇歳以上の高齢者という。

まず、厳島神社を宮島の観光資源の中心と考えている人は、回答者の九〇％を超えている。神社以外では、弥山の原生林などの自然が約六三％、神社以外の史跡や建造物が約五六％、歴史上の出来事や故事などが約三二％となっている。世界遺産に登録された後でもあり、世界レベルの観光地と評価する割合は約四四％という。

次に、今後、観光に力を入れるべき分野を問う設問では、「宮島の自然を活かした事業」が約三六％、「遊園地などの集客力のある観光施設をつくる」が約二〇％で、「歴史を活かせる事業」が約一七％、「厳島神社を活かせる事業」が約一四％と続く。ただ、歴史や厳島神社を活かせる事業と回答した人は、文化財として守り伝えることを第一とし、現状の延長線上に将来の望ましい方向をとらえていると淺野氏は指摘している。

町の観光行政に対しては、消極的な観光対策を問題視し、水族館や歴史民俗資料館の活用において問題があると思っている人は多いが、施設の拡充よりも町財政に見合った経営を行うべきと考えているようである。

さらに、宮島の観光資源の活用については、特に厳島神社やその他の文化財に対して、他の観光資源に比べて活かされているという回答が多い。活用方法については、「文化財として守り伝えることが第一」と積極的に次世代に守り伝えることを指向し、多少の不便が生じても「文化財を守ることは宮島島民の責務」と考えられているという。世界遺産登録までに積極的に島民が関わってきたとも限らないが、登録に対して国際的な知名度の高まりや、世間の宮島に対する関心・知識が高まったことという意識面での効果が評価され、観光客誘致という実態面はあまり期待されていないことが指摘されている。

この調査においては、大河ドラマなど時代劇メディアに関連した設問が無いため一概に言えないが、一時的な大河ドラマ放映は観光コンテンツとしては利用するが、必ずしも長期的・継続的な観光客誘致を大河ドラマに依存しているわけではないことがうかがえる。古くから厳島神社を拠点に信仰・観光の地として栄え、来訪者を集めてきたことからも、特段に世界遺産や大河ドラマという現代的な要素を前面に押し出した観光客誘致の必要性を感じていないと推察される。

二　地域の歴史・文化を伝える

ここでは、特に大河ドラマの影響を受けて来島した観光客に対し、宮島の歴史や文化を如何に伝えるかということについて考えてみたい。

地域による積極的な大河ドラマ誘致や観光コンテンツとしての利月は、経済効果を期待したものということは自明のことであろう。その一方で、主人公はもとより、主な登場人物を通して地域の歴史や文化が見直されるという「文化的公共事業」としての役割も指摘されている(7)。

ただ、そのような効果を理解しつつも、即時的な経済効果が優先され、継続的な地域振興策としての地域の歴史や文化の再認識という側面は充分に図られてはいないといえよう。

1　自治体等の観光誘致の取り組み

二〇一〇年八月のＮＨＫ発表を受け、翌年五月に広島県や関係自治体、経済団体や旅行業者などにより「大河ドラマ『平清盛』広島県推進協議会」が設立された。さまざまなイベント、観光列車や高速船の運航、観光パンフレットの配布などを通じて、観光客誘致を強力に推し進めている。また、案内地図や複数の観光モデルコースを提案したりすることで、大河ドラマゆかりの史跡だけでなく、地域に残されたさまざまな史跡等を紹介している。

神戸市では、特に大輪田泊（神戸中央卸売市場前）や神戸ハーバーランドの大河ドラマ館、市内の史跡をめぐるガイドツアー、「平清盛歴史館」を拠点に活動する武将隊「神戸・清盛隊」には多くの若い人々が訪れ、「新たな観光資源の掘り起こしも進んだ」と評価されている(8)。確かに、各地で人気の武将隊やさまざまなイベントは、従来からのコアな歴史好き以外の人々、特に若い女性の興味関心を引き、新たな客層の開拓に繋がったといえよう。

広島県では、大河ドラマ放映後も、厳島神社と平清盛とを関連づけて発信するとともに、厳島神社より先へ回遊させるための取り組みがなされている。オリコンが実施した「平清盛に関する意識調査」において、清盛ゆかりの地のランキングで広島県は、放送前の第一回（二〇一一年一二月）調査では第二位だったのに対し、放送中の第二回（二〇一二年八月）では一位を獲得しており、広島県としても［広島＝平清盛］のイメージ定着ができたと評価している。

しかし、自治体や推進協議会による一連の活動は、あくまで観光客誘致を目的とした平清盛関連の歴史への注目であった。また、観光客に地域の魅力を伝える取り組みは重要であるが、それと同様に、地域住民へも地域の歴史や文化の再発見に導くような取り組みを行う必要があろう。

2　宮島のさまざまな史跡

平清盛の援助による大規模な造営以後、平家一門の権勢の高まりとともに、その名を全国に知らしめた厳島神社・宮島であるが、戦国期には毛利元就や豊臣秀吉の庇護を受けるなどした。そのため、清盛・平家以外に関連した史跡も多く残されている。そのうち主なものを挙げると、次の通りである。

大元神社…厳島神社より前の創建と伝えられる。厳島神社の初代神主である佐伯鞍職などを祀り、宮島の地主神として信仰を集める。本殿は重要文化財。

光明院…室町時代の開基と伝えられる。浄土宗の古刹。島民の信仰のために建てられた宮島で最初の檀家寺。〝宮島の恩人〟として名高い誓真和尚が修行した寺でもある。

宮尾城跡（要害山）…厳島合戦で毛利元就が番兵を置いた平山城。

豊国神社…天正一五年（一五八七）建立。豊臣秀吉が毎月一度の千部経読誦のため建立を命じた大経堂。秀吉の死去により未完成の状態。「千畳閣」とも呼ばれる。

滝小路…厳島神社から大聖院へ至る坂道で、かつて厳島神社の神職の居住地である。千本格子の大戸など独特の家並みを見ることができる。

上卿屋敷…神職の上卿家の屋敷。朝廷が派遣する奉幣使の代参を役目とする家柄。

町屋通り…江戸時代初期に埋め立てられた宮島のメインストリート。本町筋と呼ばれ、商家や旅籠が建ち並び、参詣客などで賑わった。

大束富くじ場跡…富くじ場の建物があった場所で、現在は石碑のみ。特産品である大束（薪）の販売権をめぐる富くじ。

旧陸軍道路…包ケ浦火薬庫や鷹巣砲台に通じる軍用道路で、明治三〇年（一八九七）築造と伝えられる。

信仰の地であるため、寺社仏閣が多い。このほか、永禄一一年（一五六八）に毛利元就が厳島合戦で神聖を傷つけたお詫びとして京都から八世観世太夫元之らを招いて奉納したのを起源とする桃花祭御神能、明治初期まで田畑耕作が禁じられたなかで農作物への感謝を示すため行われた「たのもさん」など、伝統行事や民俗芸能も伝えられている。いわば〝平清盛〟と宮島の歴史・文化とはイコールではなく、平清盛という存在は宮島の歴史や文化を語る上で大きな要素であるが、それが全てではないことに注意を要する。

しかし、ガイドブックの比較からも明らかなように、厳島神社関連や著名な史跡以外は紹介されることもなく、島外・県外の人々には十分に知られていないのが現状といえる。また、これら多くの歴史資産に対して、宮島島民や観光客は積極的に関心を払っているとはいえないのではないだろうか。

3　実際の景況

一回目の調査は秋の行楽シーズンの土曜日（一〇月）、二回目は学校が春期休業中にあたる時期の日曜日（三月）で、多くの観光客が来島することが予想された。時期が異なるので一概に比較はできないが、人の混み具合では二回目の方が圧倒的に多かった。

観光客の階層は、行楽シーズンや春期休業中ということもあり、高齢者層だけでなく、若者のグループも多かった。修学旅行の学生も多く、大河ドラマ放映よりも、厳島神社の歴史性や世界遺産という要素が強いと考えられる。また、

写真１　有之浦沿いの通り

写真２　表参道商店街

写真３　要害山の山頂付近

外国人観光客も多く、世界遺産として定着していることをうかがわせる。

人通りが多い場所でも、広島県推進協議会のキャラクター「ひろしま清盛」の幟や顔抜きパネルがあるのみであり、大河ドラマの舞台であることを積極的にアピールする掲示はほとんど見られなかった。文化財保護法や自然公園法、また世界文化遺産に登録されたこともあり、景観に配慮したものと考えられる。

観光客の流れに注目してみると、人の混み具合が場所によって明確に分かれていたことが特徴的であった。観光客の流れはほぼ決まっており、宮島桟橋（フェリー乗り場）から有之浦沿い（海岸沿い）か、一本うちに入った表参道商店街を通って厳島神社へ向かう道に集中していた（写真1、2）。全体を通じても、この桟橋と厳島神社周辺との間の一般車両通行禁止区域ともなっている範囲に、ほとんどの観光客が集中していた。生活範囲が限られているが、人の賑わいはさらに限られた範囲といえよう。

そのため、要害山（宮尾城跡）は、桟橋正面すぐに位置するにもかかわらず、小高い丘で急な階段を登らなくてはならないこともあり、観光客は調査時には皆無であった（写真3）。また、厳島神社からさらに先にある清盛神社も、厳島神社周辺の賑わいと比べると、閑散としている感はいなめない（写真4）。大河ドラマ館のある宮島歴史民俗資料館

写真４　清盛神社

写真５　宮島歴史民俗資料館

写真６　町家通り

も、厳島神社の先にあるため、定番コースと比べると人通りも少ない（写真5）。大河ドラマ館ということで、それを目当てに訪れる人もいる一方、資料館の常設展示を目的に訪れたという人はいないように感じた。

特に昼食時には、食事処が立ち並ぶ表参道商店街は観光客でごった返していた。同時刻に撮影した表参道商店街（写真2）と、一本山側に入った町家通り（写真6）の写真を見比べると一目瞭然である。

以上のような状況は、大河ドラマ放映時と放映後も同じであり、大河ドラマブームとは関係ないと考えられる。宮島での巡見調査の結果、観光行動の契機として〝大河ドラマの舞台となっている場所〟があったということは影響しているが、よほどの歴史好きでない限り、やはり旅行ガイドブックやパンフレットをもとにした定番のコースをめぐるということになるといえる。

4　広島型大河ドラマ館の可能性

最後に、大河ドラマとタイアップした観光事業の一つとして、関連地域に開設される大河ドラマ館のあり方について、大河ドラマ『平清盛』以外の作品と比較して考えてみたい。

まず、大河ドラマ『平清盛』のドラマ館は、兵庫県神戸市の「平清盛歴史館」（大輪田泊／神戸中央卸売市場前）と「平清盛ドラマ館」（神戸ハーバーランド／神戸市駅前）、広島県呉市の「音戸の瀬戸ドラマ館」（おんど観光文化会館うずしお）、同県廿日市市宮島町の「平清盛館」（宮島歴史民俗資料館）の四館が開設された。どれも清盛と深い関わりのある地域なので、その地域の特徴を踏まえて、他館との差別化も図られている。

このなかで注目されるのが、音戸の瀬戸と宮島の二館である。神戸市の二館がいずれも仮設の施設や駅前の商業ビルの一角を利用しているのに対し、広島の二館は、おんど観光文化会館うずしおや、宮島歴史民俗資料館という、地域の歴史や文化を常設展示する博物館施設を利用していることが特徴として挙げられる。

本稿で対象とする宮島の「平清盛館」では、通常のドラマ館とは異なり、二〇一二年一月から翌年一月までを会期とする企画展示として開催されている。

その概要は、宮島歴史民俗資料館の展示施設の一階部分を使用し、第一部でドラマ解説を中心としたパネルや台本、小道具を展示し、第二部では「平清盛の時代と生涯」というテーマでパネルによる歴史解説、第三部ではシアターにおいて「永遠の夢をこめた海上社殿〜平清盛と厳島神社」と題する映像が流されていた。また、地域史料の展示として、資料館所蔵の錦絵や光明寺寄託の「二位法尼像」が展示されていた。資料館併置という特徴を活かした展示も見られるが、基本的には他館と同様、〝ドラマ展示〟と言ってよいであろう。

この資料館（写真5）は古民家を利用した施設であり、ドラマ館のある鉄筋コンクリート製の施設の前後に常設展示が配置されている。入口から直接ドラマ館へ出入できるルートはなく、通常の順路に従ってドラマ館へ向かう必要がある。つまり、ドラマ館の見学を目的とした人であっても、必然的に常設展示を目にすることになるのである。

ではここで、簡単に常設展示の構成を見てみたい。まず、入口は商家だった古民家を利用したもので、宮島の生活空間を展示しており、鹿除けの「鹿戸」など地域特有の文化を実際に体験することができる。続いて、土蔵を利用した展示館Aでは、宮島独特の暮らしについて、飲料水確保のための瓶やさまざまな生活用具が二〇〇点ほど展示されている。展示館Bでは、写真や模型を用いて、宮島の年中行事が紹介されている。そして、展示館Cでは、宮島の代表的な産業といってもよい木工産業を紹介しており、飯杓子や宮島彫の製品だけでなく、生産工程や工具など今日までの変遷を跡づける資料が一〇〇点ほど展示されている。また、大河ドラマ館として利用されている展示館Dの二階では、書画や屏風、錦絵や書物、古文書などを展示し、信仰と観光で栄えた宮島の歴史を理解することができる。

筆者が実際に資料館内で観察したなかでも、常設展示を全く見ることなくドラマ館へ進む人はおらず、少しでも立ち止まって展示資料へ目を向けていた。展示館Cに入った中年の夫婦は、明らかに偶然入ったという感じであったが、飯杓子の由来や生産工程を見て、「へえ、そうだったのか」と意外な発見に驚きを漏らしていたことが印象的であった。全員が宮島の歴史や文化に興味を持っていたということではないであろうが、ドラマ館のみを目的とした人に対しても、おのずと宮島特有の歴史や文化へ関心を向けさせる効果があったといえる。

もう一つの呉市おんど観光文化会館うずしおも、二階の「海とまつりのミュージアム」において、清盛祭のほか、音戸ゆかりの人々や漁業の歴史、音戸に伝わる舟唄などを紹介している。

仮設の施設を建てたり、商業施設や公民館を利用するという方法は、長崎や高知、会津をはじめ、これまでの大河ドラマ館では一般的であった。それに対し、博物館施設に大河ドラマのストーリーを展示する施設を併設することは、観光客や地域住民に対して、大河ドラマのストーリーからは洩れてしまうような、その地域特有の歴史や文化に触れてもらう契機となるのである。また、広島県内や宮島町内の人に対しても、ドラマ館を目的とした一過性の観光としてではなく、地域の魅力に関心をもってもらい、継続的な集客に結びつけることにもなろう。

このような考えは、宮島を抱える廿日市市でも当初から想定していたようである(9)。

廿日市市のキャンペーン事業が目指したものの一つに、「清盛ゆかりの「世界遺産『宮島』」を有する本市の素晴らしい歴史と文化を全国に情報発信する」が掲げられていたという。「平清盛館」開設にあたり、宮島や厳島神社の歴史的価値と宮島ゆかりの地として共に歴史を歩んできた廿日市市の歴史を紹介することで、キャンペーン期間終了後も、廿日市市への観光リピートに繋がるような展示とすることで調整を図っていた。

そもそも、宮島は全島が文化財保護法および自然公園法の規制対象となっているため、短期間で展示用施設の施設を設置する許認可手続きを経るのが困難なこともあり、宮島歴史民俗資料館で開催されたという。そのことにより、宮島の古民家や貴重な歴史資料を利用して、宮島の歴史的価値を紹介するという当初の目的を達成することができたと指摘されている。観光客の反応も、宮島の古民家や歴史資料を見ることができた、宮島や厳島神社の歴史などを知ることができたと、好意的な感想が多く寄せられたとのことである。

廿日市市観光課の棚田久美子氏は、大河ドラマを活用して地域の文化振興に寄与する一つのモデルケースになるのではないか、という手応えを感じたと述べている(10)。

5　地域の歴史や文化の再発見

ただ、歴史館の目的も、観光客という地域外の人へ向けた取り組みといえよう。やはり、地域住民に対する取り組みも重要である。ここでは、宮島から少し離れて、他地域の事例からその可能性を見てみたい。

滋賀県野洲市には、清盛の寵愛を受けた平安時代末期の女性で、野洲地域が旱魃で苦しんだ際に清盛に依頼して水路（妓《ぎ》[祇]王井《おうい》川）を竣工させた妓王を祀る妓王寺がある。野洲市ボランティア観光ガイド協会では、「清盛に見捨てられた悲劇が有名だが、古里を救った側面を広く知ってもらいたい」との思いで、以前より妓王井川のゆかりを紹介する紙芝居を作成していた。大河ドラマ放映を機に、老人クラブや学童保育所で公演しているという。そこでは、地元の地名が搭乗すると、子どもたちは「友達が住んでいる場所や」などささやきながら見入っていたと報道されている(11)。

また、神戸市教育委員会は、清盛による日宋貿易の拠点・大輪田泊があったとされる「兵庫津遺跡」において、発掘調査の体験イベントを開催した。担当者は「兵庫区の歴史や清盛の時代に思いをはせるきっかけにしてほしい」と話している[12]。

呉市音戸では、大河ドラマ放映を機に、観光ボランティアガイドの会（音戸まちなみガイドの会）を立ち上げたという[13]。希望する市民は座学・実地研修を受講し、その後、市民自ら調査してガイドマニュアルを作成するなど万全の準備をして観光客を迎えることとなった。ガイドは、ドラマ館や観光文化会館の案内のほか、清盛ゆかりの史跡、音戸の町並みを案内するコースを設定している。「ほとんどが素人集団」で出発したが、地域住民自らが多くの新たな地域の歴史や文化を発見したことであろう。そして、大河ドラマ放映後も継続して活動していくことで、地域の歴史や文化の継承者・担い手となるとともに、新たな観光コンテンツとして活かされていくと考えられる。

大河ドラマを即時的な観光客誘致のコンテンツとだけ捉えるのではなく、地域の歴史や文化の掘りおこし、地域住民に地元の歴史や文化へ興味関心を持ってもらうための取り組みが行われていることがわかる。このような地道な取り組みが、地域内においては地域アイデンティティの形成、地域文化の担い手の広がりに繋がり、地域外に対しては新たな地域の魅力の発信、継続的な観光客誘致へと繋がる可能性を秘めているのではないだろうか。

おわりに

1　観光地としての宮島の特質

大河ドラマ放映と観光との関係は一九七〇年代後半には認識され、八〇年代の高い視聴率を受けて、観光客誘致を狙った大規模な取り組みが行われるようになった。現在でも、地域おこしや観光事業の起爆剤として、全国各地で大河ドラマ誘致活動が展開されている。

そのような現状に対し、宮島の特質は、大河ドラマを前面には出していないことにある。これは、古くから厳島神社を中心とした観光産業を主産業としていた宮島にとって、世界遺産という絶対的ともいえる観光コンテンツを有しているためと考えられる。

大河ドラマが基本的には日本国内で放映されるのに対し、世界遺産は国際的なブランド力を持っている。つまり、一年ごとに舞台の変わる非継続的な大河ドラマに対し、世界遺産を目玉にした方が継続的かつ世界規模での集客と経済効果が期待できるのである。宮島の特殊性は、恒常的な観光コンテンツとしての厳島神社・世界遺産があり、大河ドラマは臨時的に加わるタイムリーな観光コンテンツの一つと認識されていると考えられる。これは、「大河ドラマ」が「世界遺産」に置き換わっただけともいえるが、今後、大河ドラマ放映と地域との関係を考えていく上で重要な要素となりえるだろう。

一方、単に〝舞台となった地域〟と一纏めに考える危険性と、それに関わる各自治体・企業・住民・観光客など、各々の意識をきちんと把握する必要性をあらためて認識した。宮島は、もともと「宮島町」として単独の自治体を形成していたが、一九九六年に対岸の廿日市市が周辺四町村を編入するかたちで合併した。特に宮島町民を対象した意識調査では、古くから信仰・観光の地として集客してきた実績・自負から、世界文化遺産をも相対化してとらえていることが明らかとなっている。そのため、大河ドラマに関連したキャンペーンにおいても、宮島側がどのように考えていたのか、現廿日市市のなかでの意識差を踏まえて検討する必要がある。

2　広島型大河ドラマ館の可能性

広島型大河ドラマ館の特徴は、常設の博物館施設の一角に企画展示としてドラマ展示を実施したことである。従来のドラマ館単独施設とは異なり、観客（観光客）に常設展示、つまり大河ドラマでは触れられないような地域特有の歴史や文化を知ってもらうことができるのである。

経済効果を目的とした観光誘致では、大河ドラマで描かれた限定的な歴史のみを伝えることで終わってしまう危険性がある。大河ドラマ『平清盛』では、平清盛個人を中心としたなかで地域の歴史や史跡等が紹介され、全国へと発信されている。

一方の観光客の側は、筆者の経験や廿日市市に寄せられた観客の反応から、地域の歴史や文化に触れられることを好意的に受け止めていることがわかる。多くの観光客は、実態としては歴史を学ぶことを目的に来訪しているわけでなく、積極的に学ぼうと行動もしてはいないが、地域の歴史や文化に触れる機会があれば、関心を向けているのである。つまり、観光客は、大河ドラマ関連の歴史や文化のみが唯一絶対の関心事なのではなく、地域に根ざした特有の歴史や文化にも興味を持ってもらえることを示している。

3　地域文化の担い手の裾野拡大へ

大河ドラマの放映は、新資料の発掘、関連する歴史の深化、展示や講座など文化事業の開催などを通じて、地域住民の地域の歴史・文化に対する関心の高まりも期待され、文化面においても大きな意義を持っている。

特に、大河ドラマで語られるような歴史からも洩れてしまうようなものも、地域の歴史を語る上では欠かせないものである。そのような歴史資産へ地域住民の眼差しを向けさせることで、地域文化の担い手の広がりに繋がる。ひいては、新たな地域の魅力の発見・発信へと繋がるといえよう。

地域文化の継続的な再生産を可能とするのは、地域総体の歴史や文化に関する高まりと研究成果の蓄積、地域文化の担い手の裾野の拡大にあるといえよう。地域文化の担い手とは、研究者だけでなく、文化財保護やガイドのボランティア、イベントのサポーターなど、文化活動全般を何らかのかたちで支える人々である。大河ドラマを契機に、地域の歴史・文化に関心を持った市民を、自治体は積極的に取り込んでいく必要があると考える。

自治体レベルでは、〝外向け〟の取り組みとともに、〝内向け〟の事業も積極的に行う必要があり、地域住民が主体的に取り組める手段を用意しておく必要があろう。地域内部においても、一過性のものとせず、継続的な活動へと繋げる方策が求められているのである。

今回の宮島の例を踏まえ、今後、大河ドラマの舞台となる地域でも活用されることが希望される。しかし、注意しなければならないのは、観光や経済効果を優先した文化行政になってはいけないということである。貴重な歴史・文化遺産である史料や人々の生活を記録・調査して保存することを第一とし、その上で資源化して、学術や教育、地域づくり等に活用していくことが必要となろう。地域に根ざした歴史や文化を発見してもらうことで、自治体や経済団体が志向する継続的な観光客誘致へも繋げていくことが求められよう。

註

（1）拙稿「長崎市におけるＮＨＫ大河ドラマ『龍馬伝』の影響」（時代考証学会・大石学編『大河ドラマと市民の歴史意識』岩田書院、二〇一三年）。

（2）『角川日本地名大辞典34　広島県』（角川書店、一九八七年）。

（3）ディスティネーションキャンペーン。ディスティネーション（行き先）とキャンペーンとの造語。ＪＲグループのうち旅客六社と地方自治体、地元の観光事業者等が共同で実施する大型観光キャンペーン。

（4）森岡隆司「大河ドラマ『平清盛』放映に伴う広島県における経済効果」（中国電力エネルギア総合研究所『エネルギア地域経済レポート』第四五三号、二〇一二年四月）、同「ＮＨＫ大河ドラマ『平清盛』放映が広島県に及ぼす効果」（中国地方総合研究センター編『季刊中国総研』第一七巻第一号、二〇一三年三月）。
（5）『大河ドラマ「平清盛」と宮島観光客増加との関係性』（比治山大学短期大学部、二〇一二年）。
（6）淺野敏久「宮島町民意識にみる観光地・宮島像」（広島大学日本研究研究会『日本研究』特集号第一号、二〇〇一年三月）。
（7）鈴木嘉一『大河ドラマ五〇年―放送文化の中の歴史ドラマ―』（中央公論新社、二〇一一年）。
（8）毎日新聞、二〇一三年一月三〇日朝刊。
（9）棚田久美子「キャンペーン事業から見えてくる廿日市市観光施策の今後の方向性」（中国地方総合研究センター編『季刊中国総研』第一七巻第一号、二〇一三年三月）。
（10）棚田註（9）。
（11）京都新聞、二〇一二年一月七日。
（12）産経新聞、二〇一二年三月一五日。
（13）窪田正誼「ＮＨＫ大河ドラマ『平清盛』が架けた大きな架け橋」（中国地方総合研究センター編『季刊中国総研』第一七巻第一号、二〇一三年三月）。

大河ドラマと博物館の展示叙述
―福島県立博物館「八重の桜展」ワークショップの記録―

三野行徳

はじめに

二〇一三年五月一八日、時代考証学会では、福島県立博物館で開催された企画展示「八重の桜」展を対象とし、大河ドラマを起点とする博物館展示における展示叙述を検討するワークショップを、福島県立博物館のご協力を得て開催することができた。本稿はワークショップ開催のねらい、ワークショップの流れをまとめた記録である。

最初に、時代考証学会における博物館展示に関する議論を確認しておきたい。時代考証学会において「大河ドラマ展」が議論の素材となったのは、第二回シンポジウム（二〇一〇年一一月二一日）における市川寛明氏の報告「大河ドラマと博物館展示」においてであった。市川報告では、「新選組！」展や「龍馬伝」展を担当した経験から、大河ドラマ展にはある種の時代イメージを払拭していく力があり、ある固定的な歴史イメージを刷新する局面があると指摘する。一方で、ドラマ本編と違い、史料と史実のみに依拠する大河ドラマ展であっても、史料の解釈にある種の甘さや都合の良い（わかりやすい）ストーリーへの誘惑が発生するため、担当者は自覚的であるべきだという。大河ドラマと対をなして市民の歴史意識に働きかける大河ドラマ展の、歴史叙述としての可能性と問題点が指摘された点は、その後の時代考証学会の活動に大きな影響を与えた（大石学・時代考証学会編『大河ドラマをつくるということ―時代考証学の提唱―』名著出版、二〇一二年）。

大河ドラマを起点とする市民の歴史意識の高揚が、社会のなかに存在する史料の可能性を拓くきっかけになることを指摘したのは、第三回フォーラムin京都（二〇一三年六月二九・三〇日）における、小枝弘和氏の報告「大河ドラマ八重と大学アーカイブズ」である（三〇日）。小枝報告では、同志社大学同志社社史資料センターが、NHK大河ドラマ『八重の桜』放映にともなって経験した一連の出来事が紹介された。そこでは、大学アーカイブズの基本的な役割を土台にしつつも、ガイドラインを設定してドラマ制作の意図をふまえた上で、あくまでアカデミックに、そして思慮深く協力するとの方針で大河ドラマに対応したことが述べられた。その上で、同志社でも、あらためて同志社史における覚馬と八重の位置づけを資料に基づいて行ったという。そうした営為の成果が、大河ドラマ展を含むさまざまな展示などで紹介されたという（大石学・時代考証学会編『時代劇文化の発信地・京都』サンライズ出版、二〇一四年）。

大河ドラマ展は、大河ドラマと連動して企画され、多くの場合、主人公のゆかりの地の博物館が協力しあって企画・開催される。ドラマ本編とは異なり、あくまで資料に基づいて実証的に展示が為される一方、企画側にとっても、観覧者にとっても、大河ドラマで描かれる人物像や歴史像、ストーリーとの関係が強く意識される。大河ドラマ展とはどのような展示であり、どのような歴史叙述なのかを考えることが、本ワークショップの課題である。

一　大河ドラマ『八重の桜』と「八重の桜展」

1　大河ドラマ『八重の桜』

まず、議論の素材となる大河ドラマ『八重の桜』について、概要を確認しておきたい。『八重の桜』は、大河ドラマ第五二作として、二〇一三年一月六日から一二月一五日にかけて、全五〇話が放映された作品である。会津藩士の娘でのちに新島襄の妻となる「八重」を主人公に、会津戦争の終結までを描いた前半生と、維新後に京都で再出発し教育者となる後半生を描いている。脚本は山本むつみで、時代考証を大石学・山村竜也・本井康博が担当し、建築考証を平井聖、衣装考証を小泉清子、儀式儀礼考証を佐多芳彦が担当したのをはじめ、衣装デザイン、殺陣武術、舞踊・所作、馬術、邦楽、砲術、茶道、和歌芸能など、多種多様な専門家が指導や監修として制作に関わっている。

2　「八重の桜」展

「八重の桜」展は、大河ドラマ『八重の桜』の放映に併せて、八重ゆかりの品々と同時代の資料を一堂に展示し、時代の転換期をたくましく生きた一人の女性の姿を通して、震災から復興する東北へのエールとすべく、企画されたものである（以下、展示に関しては「八重の桜」展　展示図録を参照した）。展示は、東京会場（江戸東京博物館、二〇一三年三月一二日～五月六日）に加えて、八重ゆかりの地である福島県会津市（福島県立博物館、二〇一三年五月一七日～七月三日）、京都府京都市（京都府京都文化博物館、二〇一三年七月一二日～九月一日）を会場として開催された。展示を企画したのは、斉藤慎一（東京都江戸東京博物館）・佐藤洋一（福島県立博物館）・古山智行（福島県立博物館・当時）・西山剛（京都府京都文化博物館）・小枝弘和（同志社大学同志社社史資料センター）からなる企画委員である。

3 展示の構成

展示はプロローグとエピローグに挟まれる五章から構成される。

プロローグは、大きく引き延ばした落城後の鶴ヶ城天守の古写真を掲示し、会津戦争の苛烈さ、八重を含む旧会津藩士にとっての新たな社会の過酷さを予感させる。

第一章は「会津の教え」と題し、主人公である八重が生まれ育った会津藩と会津地域を描く。藩祖保科正之が定めた「家訓十五ヶ条」、什（藩校入学以前の子供が所属した町組の下の地域単位）を統御する「什の掟」、藩校日新館の基礎教材である「日新館童子訓」を通じて、会津藩が儒教的徳目によって強固に統制されていたことを示す一方、「追鳥狩図屏風」などで会津地域の姿をビジュアルな資料で表現し、江戸時代の会津を知る手がかりが多く示している。

第二章は「幕末の京都」と題し、松平容保と山本覚馬を中心に、幕末の会津藩の政治活動の中心となった京都の政局や戦争について紹介している。孝明天皇が松平容保に与えた宸翰と御製、容保が宸翰と御製を入れていた錦袋、明治二二年（一八八九）に容保が宸翰拝領の経緯を記した添え書きが一式で展示されたコーナーは、展示全体のハイライトの一つである。鳥羽伏見戦争までを描く第二章は、山本覚馬の紹介で終わる。八重の兄で会津藩軍学者の覚馬は、鳥羽伏見戦争の前に捕縛されて薩摩藩邸に幽閉される。通称「管見」と呼ばれる、幽閉時代に覚馬が維新政府にあてて出した建白書は、従来、旧弊固陋を象徴する藩として描かれる会津藩においても、新たな社会を構想する動きがあったことを象徴する資料として示されている。

第三章は「会津籠城」と題し、幕末会津の悲劇の舞台となった会津戦争の様子が克明に描かれる。八重が登場するのはこの章からである。武装して鶴ヶ城に入城した八重は、傷病兵の看護にあたるとともに、ゲベール銃で夜襲に加わっている。降伏式の際に敷かれていた「泣血氈」は、八重の前半生と後半生とのターニングポイントとして、象徴的に展示されている。

第四章は「古都復興―覚馬と襄―」と題し、ふたたび物語の舞台となる明治維新後の京都を、覚馬と八重、新島襄の視点から描く。明治三年（一八七〇）に京都府に登用されて以降、覚馬は京都の近代化の一翼を担うことになる。明治四年に覚馬を頼って京都に来た八重も、女紅場（公立女学校）に職を得て以降、社会に進出していくことになる。一方、安中藩氏士の子として生まれた新島襄は、密出国してアメリカに渡って神学校に学んだのち、明治七年に宣教師として帰国し、京都でキリスト教学校の開校を目指す。同志社に遺された、覚馬・襄・八重の手紙や文書記録、写真、家具などのさまざまな記録・資料は、大河ドラマの主人公「八重」や、八重の身近な人々を同時代資料で存分に描く、展示全体のもう一つのハイライトだろう。

第五章は「ハンサムウーマンへ」と題し、襄没後の八重の活動を、赤十字と茶道に焦点をあてて描く。日清日露戦争に篤志看護婦として従軍する一方、茶道に傾注し、茶道は八重の精神的支柱になっていったという。

エピローグは、昭和三年（一九二八）年一一月一七日の京都会津会秋季例会の記念写真を展示する。昭和三年は会津藩の名誉回復を社会的に承認するイベントとなった、秩父宮雍仁親王への松平容保孫勢津子の入輿があった年である。会津戦争以降の苦難を乗り越えた郷土を思う心と「絆」が、展示全体のメッセージとして表現されて展示は幕を下ろす。

このように、「八重の桜」展は、概ね大河ドラマのストーリーに沿う第二章〜第五章と、前史となる第一章から構成される。大河ドラマの中心人物である八重・覚馬・襄に加え、松平容保・川崎尚之助・新選組・槇村正直・徳富蘇峰といった周辺の人物にもスポットがあてられ、ドラマの理解を深めるとともに、資料から復元される八重の実像や歴史的事実が観覧者に提示され、ドラマが描く歴史像を相対化する構図になっている。

二　ワークショップの概要

本ワークショップは、大河ドラマ放映を受けて開催される大河ドラマ展を通じて、ドラマにおける歴史叙述と博物館展示における歴史叙述との相関関係を考えるべく、「大河ドラマと展示叙述・地域」として企画した。企画者は筆者（三野行徳）で、時代考証学会の工藤航平氏、神谷大介氏のご協力を得た。また「八重の桜」展担当学芸員の古山智行氏（福島県立博物館・当時）のご協力を得ることができた。当会にとってワークショップははじめての試みでもあり、日常的に時代劇作りと歴史研究とに従事している立場から、どのようなことが見えるのかを議論するため、外部の参加は呼びかけず、時代考証学会運営委員のみにてワークショップを行った。

ワークショップは、①ワークシートを用いての展示観覧（一三時～一五時）、②ワークシートを素材としたグループワーク（一五時～一七時三〇分）の二部構成で行った。

①では、展示会場の空間構成を示したA４サイズのワークシート（図）を用いた。展示を観覧しながら、三色の付箋とシールを用い、面白い箇所に青、気になる箇所に黄色、違和感を持った箇所に赤のシールを貼り、同色の付箋に意見や感想を書き込みながら、展示を見て感じたことをワークシートに落とし込むようにした。ワークシートの色の構成を見れば、展示のどの箇所に関心が集まり、どの箇所を面白いと思い、どの箇所に違和感を持ったのかが瞬時にわ

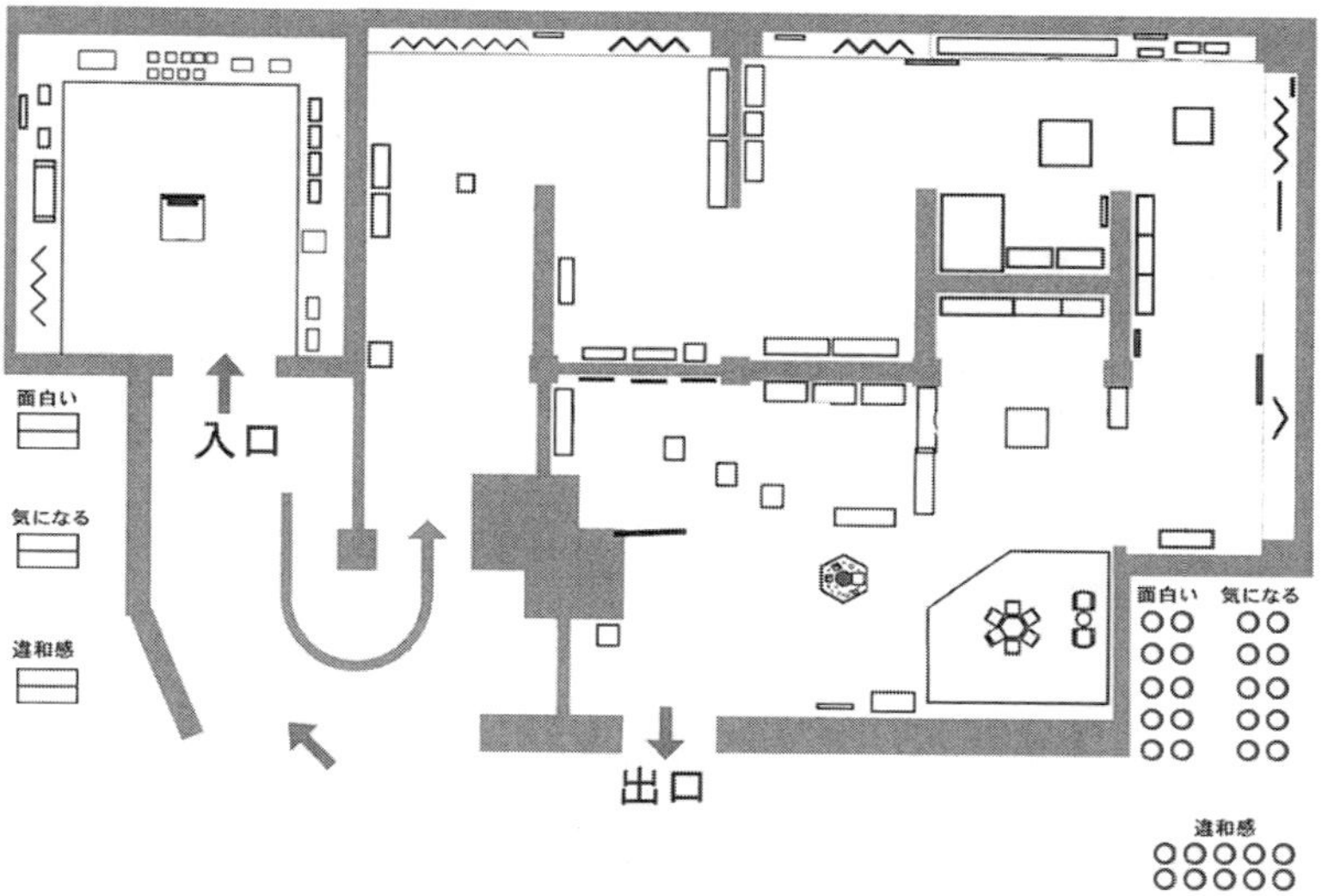

図　ワークシート

かる仕掛けである。

グループワークは、ワークシートをテーブルの大きさに引き伸ばし、各自のワークシートの内容を共有し合う形で行った。グループは、A班は工藤航平氏をファシリテーター（促進者）とし、野本禎司氏、ブレンダン・ルー・ルー氏、門野早苗氏でグループワークを行った。B班は神谷大介氏をファシリテーターとし、竹村誠氏、門松秀樹氏、山田貴志氏、佐藤宏之氏でグループワークを行った。全体の進行は筆者が担当した。

グループワークは三部構成で行った。aパートでは、各自の青と黄色の付箋・シールを発表し合い、グループのワークシートに反映させながら、展示の面白かった点を共有する形で進めた。最後に各グループ代表が、議論の内容を二分でまとめて発表した。bパートでは、各自の赤の付箋・シールを素材に、展示の課題点を話し合う形で進め、最後に各グループ代表が内容を二分でまとめて発表した。cパートでは、abパートの議論を踏まえて展示担当者と応答を行い、展示を観覧して感じた疑問点や課題、狙いなどについて議論を行った。

三　ワークショップでの論点

1　aパートでの論点

aパートでは、おもに展示手法に関して、青のシール(面白い箇所)が多く付された。特に多くの青シールが付されたのは、各章での大きな絵画資料類である。第一章の「追鳥狩図屏風」、第二章の「加茂行幸図屏風」「七卿落図屏風」「蛤御門の変図屏風」「鳥羽伏見の戦図屏風」、第三章の「奥羽越列藩同盟旗」「奥越出兵図屏風」、第四章の「京都新名所図屏風」「新島襄臨終場景画四葉」「新島旧邸復元」、エピローグの「昭和三年京都会津会秋季例会記念集合写真」などで、展示全体を通じて印象的なビジュアル資料が多く、視覚を通じて展示のストーリーが伝わるとの評価がされた。ただし、「追鳥狩図屏風」における追鳥狩の軍事的説明が不十分ではないか、など、ビジュアルな資料の解説における「絵解き」がもの足りないとの意見も見られた(黄色シール)。また、主要人物の基礎情報をまとめたパネルが効果的に配置され、人物の個性がわかる資料が効果的に並べられており、ビジュアルと人物によって、わかりやすいストーリーが提示されているという意見もあった。

より具体的な展示手法に関わっては、①「泣血氈」について、小さな資料を大きな台に展示することによって象徴性を際立たせている、②宸翰について、宸翰と御製、錦袋、明治二二年の添え書の四点を一式で見せることで、幕末~明治の会津藩・松平容保を極めて象徴的に描くことに成功している、③襄と八重の関係を、書簡と写真を効果的に配置し、自立した男女の夫婦関係を描くことに成功している、など、資料の見せ方の工夫について、多くの好意的な意見が見られた。ビジュアルな資料と併せて、視覚から展示のストーリーを伝えることに成功している、というのが共通した意見であった。

2　bパートでの論点

bパートでは、資料の解釈や歴史像について、赤のシール（違和感を持った箇所）が多く付された。第一章では、特に日新館の評価についての意見が見られた。展示では什の掟・家訓・日新館童子訓を教育的側面から説明しているが、ここで展開している儒教的徳目はむしろイデオロギー統制と理解すべき内容であり、日新館のイデオロギー装置としての側面に触れる必要があるのではないか、という意見である。幕末会津藩の政治過程や会津戦争における徹底抗戦路線は、家訓や日新館童子訓などのイデオロギー統制と連動して発生した事態であり、第二章・第三章を理解するためにもそうした説明が必要ではないか、という意見である。

第二章では、幕末京都政局の説明が不十分ではないか、という意見が見られた。一九九〇年代以降、幕末京都における幕府側勢力は、二条城を拠点とする譜代勢力と、一橋慶喜・松平容保・松平定敬からなる一会桑勢力とにわかれ、譜代と一会桑は政権構想や天皇の位置づけをめぐって対立していたことが幕末政治史の常識となっている（家近良樹『孝明天皇と一会桑』）。会津藩は一会桑勢力の中心として深刻に長州藩等と対立しており、そのことが東北戦争における会津藩への徹底的厳罰方針とつながっていくわけであるが、その点を十分に説明しないと、第三章への流れが理解できないのでは、という意見である。

また、山本覚馬「管見」について、慶応四年～明治二年に著されたことを考えれば、当時の知識人層の平均的な見解と理解すべきで、先見性を高く評価しすぎではないか、との意見が見られた。覚馬の見解が、同時代のさまざまな政権構想のなかでどのように位置づくのか、という分析をしなければ、覚馬が同時代のなかで突出した先見性を持っていた、という「誤解」を生んでしまう、という意見である。人物を通じてわかりやすく展示のストーリーを構成することと、史料の実証的な評価・分析をどう両立させるか、という難問である。

第四章では、京都の復興が同志社と結びつけて構成されているが、そこには飛躍があるのでは、という意見が多く見られた。これも、八重・覚馬・襄にとっての明治期を描くことと、時代や社会を描くこととの間の難問だといえる。

第五章では、章タイトルの「ハンサムウーマン」と、展示内容として提示される「内なる美」の内実が篤志看護婦としての従軍と茶道への傾注であることとの関係が問題となった。襄は八重を、「ハンサムではないが生き方が美しい」と評したことから、大河ドラマ本編でもこのキャッチフレーズが用いられたわけだが、「ハンサム」の内実を資料からどう表現するか、という点に、疑問が残った。

ａの論点における、「わかりやすいストーリー」という評価に対し、ｂでは、わかりやすさのなかで省略された説明や実証、歴史的背景に疑問が呈された恰好になる。ただし、展示である以上、文章ではなく資料を通じて構成する必要がある。疑問を感じた点について、ではどのように展示すれば、より良くなったのかを議論するなかで、大河ドラマ展における、大河ドラマ本編から提供されるストーリーやイメージは、展示における制約としても機能しているのではないか、という点が議論になった。

３　ｃパートでの論点

ｃパートでは、展示を担当された古山智行氏に、ａｂパートでの論点を踏まえ、応答いただく形で進めた。古山氏からは、まず、展示を企画するにあたり、大河ドラマが八重を主人公として、震災復興のメッセージを込めて描かれることを受けて、「八重の桜」展をどうはじめて、どうおわるか、が最初の大きな課題だったとの説明があった。プロローグに会津戦争後のボロボロの鶴ヶ城を、エピローグに昭和三年の京都会津会の写真を持ってきたのは、会津戦争から六〇年を経てようやく会津藩の名誉回復が為されたことから、時間はかかるけれど立ち直ることができるんだということを伝えたかったからで、それを歴史と資料から伝えるために、この二つの写真を展示したという。企画委員の間でも、『八重の桜』に仮託された復興へのメッセージが強い課題として認識されていたことがわかる。

日新館の評価については、企画委員でも課題になったが、残された資料の限界から、教育的側面を説明するにとどめざるを得なかったという説明があった。近世における教育と儒教イデオロギーとの関係は普遍的な課題でもあるわけだが、それをテキストではなく資料を通じてどうやって伝えるべきか、展示における方法的課題があるのでは、との応答が為された。

第五章については、遺された資料的制約からも、篤志看護婦と茶道を中心にせざるを得なかったが、展示の狙いとしては、夫が亡くなったあとに社会奉仕に乗り出し、同時に趣味にも生きたことは、当時としては自立した女性ということができるのでは、ということを表現したかったと説明があった。ただし、こうした点は、図録では文章で説明できるが、資料とキャプションだけでは伝えきれず、わかりづらくなってしまったかもしれないとの応答があった。一方で、特に大河ドラマ展でもあり、章タイトルをキャッチーな求心力のあるものにする必要があり、この点は展示の制約としても機能する点が指摘された。

最後に、資料の選定の面から、大河ドラマ展におけるターゲットをどう考えるのかについて説明があった。「八重の桜」展では、資料の選定に関して、会津の資料や会津のテーマ（第一章・第三章）に関する展示は、会津では普段から見る機会があり、幕末の京都政局に関する展示は、京都では普段から見る機会が多い。したがって、地元の資料を地元で展示するというより、普段会津では見ることのできない京都の資料を積極的に会津で展示し、普段会津で出している資料を京都や東京で展示するなど、会津のことを京都や東京の人々に知ってもらうことを意識して資料を調整した、という説明があった。こうした方針で委員会や所蔵者と合意が取れたことは、ゆかりの地を巡回する大河ドラマ展にとって重要な意味を持ったという。

応答は以上で時間切れとなった。古山氏からは、大河ドラマ展という枠のなかで展示を実現することの課題や可能性について、重要なお話をしていただくことができた。

おわりに

ワークショップの経緯は以上の通りである。本ワークショップは、意見を収束し合意を得ることが目的ではなく、各参加者が大河ドラマと大河ドラマ展との関係について、何かしらの気付きを得ることが目的であり、その点において、大きな成果を得たように思う。久留島浩氏は、博物館における歴史展示について、「展示は、展示する側の創り上げた歴史像(展示側の伝えたい意味)であり、展示というかたちで表象すると、個別性を持った「仮説」以上のものではなくなる。誰がどのような資料を選択し、どのような方法で分析(研究)し、どのように並べたのか、についても、観る側に理解できなければ、観客が新しい意味づけを与え、展示した側の意味と「交渉」することは不可能である。歴史系博物館で学習する(自分の力で「新しい意味」を発見する)とは、観る側が自分なりの歴史像を獲得することである」と述べた(久留島浩「これからの歴史系博物館について」地方史研究協議会編『21世紀の文化行政—地域史料の保存と活用—』名著出版、二〇〇一年)。本ワークショップは、大河ドラマ展との「交渉」を、展示担当者の意図も含めて行った、貴重な経験となった。

ワークショップの実現にあたり、福島県立博物館では、ワークショップを許可して下さるだけでなく、会議室の利用もご許可いただくなど、多大なご協力を得ることができた。あらためて、展示を担当された古山智行氏、阿部綾子氏、福島県立博物館のみなさまに謝意を表し、本報告を閉じることとしたい。

会津若松の観光と大河ドラマ『八重の桜』
―悲劇からの復興という物語―

神谷　大介

はじめに

ＮＨＫ大河ドラマの放映は、地域における歴史を再認識する大きな契機となる。地域の歴史は時代の移り変わりとともに、あるいは発見され、あるいは忘れ去られ、その姿を変えていくものである。では現代において、大河ドラマの放映は、地域の歴史にどのような影響を与えているのだろうか。

そうした問題を考えるにあたり、観光という日常的な行動に注目してみたい。大河ドラマ放映を機に、その舞台となったスポットには多くの観光客が集まってくる。歴史に深い関心をもっている者もいれば、そうでない者もいるだろう。現代において観光の動機は多様であるが、大河ドラマの放映によって、歴史の記憶をとどめる空間が整備され、必ずしも歴史に興味のない人々も含み込むかたちで地域の歴史は再認識されていくことになる。

二〇一三年五月一九日、時代考証学会ではワークショップとして、ＮＨＫ大河ドラマ『八重の桜』放映で賑わう会津若松市にて巡見を実施した。本論はその巡見の記録をかねるものでもある。

『八重の桜』放映を契機として、会津若松市において観光スポットがどのように整備されたのか。どのような歴史がどのような手段で伝えられていたのだろうか。大河ドラマ放映によって作り出される地域の歴史再認識の空間、そこで伝えられる歴史叙述の在り方について検討していきたい。

一　鶴ヶ城と白虎隊の悲劇

まずはNHK大河ドラマ『八重の桜』放映前における会津若松市の観光事業の展開と、その中で大きく取り上げられることになった地域の歴史について確認しておきたい。

会津若松市の観光整備事業において、「風光」「温泉」とともに「歴史」が重要なキーワードとなってきたことは、言を新たにするまでもないだろう。

会津若松市史研究会編『会津若松市史』歴史編一〇　戦後現代（会津若松市、二〇〇九年）によれば、一九四九年六月、全国の観光関係者を集めて若松市公会堂で開催した第四回全日本観光連盟総会が会津観光発展の大きな契機となった。その後、会津若松市観光協会が発足し、磐梯吾妻スカイラインが開通するなど、観光振興の基盤が整備され、観光客が一〇〇万人を超えるようになっていった。一九五三年に初めて開催された「会津まつり」は、一九五七年の戊辰戦後九〇年祭を機に「観光祭り」と改められ、「鶴ヶ城と白虎隊の歴史」が大きく喧伝されることになった。慰霊の性格を帯びた「会津まつり」から、観光を重視した「観光祭り」への転換は、高度経済成長を背景とした人々の観光への意欲の高まり、遠方からの観光客の増加を反映したものであり、慰霊空間としての史跡の観光地化を促進していったものと考えられる。

会津若松市における歴史と観光の結びつきを考える上で最も重要な場所が鶴ヶ城（会津城・若松城・会津若松城と

写真１　鶴ヶ城

も）である。鶴ヶ城は、豊臣秀吉の奥羽仕置に際して会津に入部した蒲生氏郷が、葦名氏の築城した黒川城を大改修するかたちで造営したものである。七層の大天守閣が完成したのは文禄二年（一五九三）六月一五日のことで、月見矢倉や太鼓門を備え、金銀をちりばめるなど、美麗を極めた桃山建築であった。その後、慶長一六年（一六一一）の会津地震で天守閣が傾いたため五層に改修された。第二次大戦後、会津若松市の観光整備が進む中で鶴ヶ城天守閣再建の気運が高まり、一九六五年九月に再建の落成式が行われ、以来、観光都市会津若松のシンボルとなってきた（『会津若松市史』歴史編四　近世一）。『八重の桜』でも、第一回は戊辰戦争での鶴ヶ城籠城戦のシーンから始まる。

鶴ヶ城を支配した大名は、蒲生氏・加藤氏と移り変わっていったが、最も長きにわたり鶴ヶ城を支配したのは保科（松平）氏である。寛永二〇年（一六四三）に徳川家光の異母弟保科正之が入部して会津藩の基礎が築かれた。保科氏は元禄八年（一六九五）には松平の姓と葵紋の使用を認められ、家門大名として会津若松の地を支配することになった。その会津藩第九代藩主となったのが松平容保である。容保は天保六年（一八三五）生まれ。嘉永五年（一八五二）に家督を継ぎ、文久二年（一八六二）には京都の治安維持にあたる京都守護職に就任した。最後の徳川将軍となる一橋慶喜、実弟で京都所司代を務めた桑名藩主の松平定敬らと密接に連携し、複雑な幕末政局の中で一定の政治権力を掌握した。ゆえに会津藩の政治の中枢である鶴ヶ城は、戊辰戦争において新政府による攻撃対象となり、会津籠城戦の舞台となったのである。

会津若松市の歴史を語る重要な要素として白虎隊が取り上げられてきたのは、ひとえにその悲劇性によるものだろう。白虎隊は慶応四年（一八六八）に会津藩が年齢

写真２　会津若松駅前の白虎隊士像

別に編成した部隊の一つで、一六、一七歳の若者で構成された。他には一八～三五歳からなる朱雀隊、三六～四九歳の青龍隊、五〇歳以上の玄武隊があり、各隊は構成員の席次に応じて、士中（上士）・寄合（中士）・足軽（下士）に区分され、白虎隊の場合はそれぞれ二隊ずつを置いていた。飯森山の自刃で名高いのは、白虎隊のうちの士中二番隊である。

　慶応四年正月の鳥羽・伏見の戦いで旧幕府軍を打ち破った新政府は、仙台藩主伊達慶邦に会津攻撃を命じた。そうした状況の中、会津藩では軍制改革を断行し、白虎・朱雀・青龍・玄武の四隊を置くなど、軍隊・軍備の洋式化を進めていったのである。同年四月一〇日に会津藩と庄内藩が会庄同盟を結び、閏四月四日には新政府から会津攻撃を命じられていた仙台藩が中心となって奥羽諸藩と白石会議を開き、会津藩の寛典について話し合いがなされた。同月二〇日に奥羽諸藩が白石盟約書に調印し、それを基に修正が加えられて奥羽列藩盟約書が作成された。これを機に奥羽列藩同盟が結成され、五月には北越諸藩も加わって奥羽越列藩同盟が成立することになった。こうして東北の支配をめぐる新政府との対立が激化することとなり、白虎隊士中二番隊が自刃に追い込まれた会津戦争が展開することになるのである。

　東山道先鋒総督　板垣退助率いる新政府軍が会津藩領付近に進軍してくると、各地で激しい戦闘が始まった。閏四月二〇日から五月一日にかけては東山道先鋒総督参謀　伊知地正治・板垣退助らが率いる新政府軍が保成峠から攻め込み、七月二九日には奥羽越列藩同盟の二本松藩を降伏させ、八月二一日の母成峠の戦いでは旧幕府陸軍の大鳥圭介の軍勢、二二、二三日の十六橋・戸ノ口原の戦いでは白虎隊などを打ち破りながら、会津藩領を進んでいった。白虎隊の悲劇が起こったのは、二三日のことである。敗色濃厚の状況下、徹底抗戦する意見もあったが、生きることに固執した見苦しい行為をするよりも、士中としての誇りを保つことを選んだ隊士たちは、次々と自刃を遂げていった。この自刃の日から鶴ヶ城での籠城戦が始まり、新政府軍からの激しい砲火に曝された鶴ヶ城下は壊滅的な打撃を受けることになった。九月二二日、会津藩が降伏してようやく会津戦争が終結する。降伏の式に際して用いられた緋毛氈は、その悔しさを心に留めておくため、会津藩士たちによって小さく切り取られ、「泣血氈《きゅうけっせん》」と呼ばれるようになり、その悲劇を後世に伝えることになった。

こうした白虎隊の悲劇、会津藩の敗北は、小説や漫画の題材として取り上げられ、映画・テレビドラマといった映像作品として多くの人々に周知されていった。たとえば、一九五四年公開の田坂勝彦監督・市川雷蔵主演『花の白虎隊』、一九五九年公開の木下恵介監督・津川雅彦主演『惜春鳥』などの映画作品や、一九八六年一二月三〇、三一日放映の森繁久彌主演『白虎隊』(日本テレビ)、二〇〇七年一月六・七日放映の山下智久主演『白虎隊』(テレビ東京)、二〇一三年一月二日放映の北大路欣也主演『白虎隊─敗れざる者たち─』(テレビ東京)などのテレビドラマが制作されている。

会津若松は映画やドラマのロケ地・舞台としてたびたび登場するようになり、鶴ヶ城を観光のランドマークとして、戊辰戦争における会津藩の敗戦、白虎隊の悲劇という地域の歴史が、広く一般に知られるようになっていったのである。

二　『八重の桜』にみる復興の物語

二〇一三年一月六日、NHK大河ドラマ『八重の桜』の放映が開始され、会津地方を主な舞台に激動の時代を懸命に生き抜いた一人の女性、新島八重の生涯がクローズアップされた。『八重の桜』はどのような経緯・考えに基づいて制作された時代劇メディアなのだろうか。

『八重の桜』制作のきっかけとなったのは、二〇一一年三月一一日に起こった東日本大震災である。震災関連プロジェクトの一環として福島を舞台とする作品の制作が決定し、新島八重が主人公に選ばれた。

新島八重は、会津藩の砲術師範を務める山本権八・佐久の子として弘化二年(一八四五)に誕生した。兄の覚馬は西洋砲術を学び、軍事取調役・大砲頭取を務めるなど、会津藩の軍制を支えた人物である。戊辰戦争においては八重自ら最新の西洋銃であるスペンサー銃を手に取って鶴ヶ城に籠城したといわれる。維新後には京都で最初の公立女学校である女紅場《にょこうば》の教師となり、同志社を創立する新島襄と結婚、日清・日露戦争において篤志看護婦として救護活動に携わった。

当然のことながら、『八重の桜』においても戊辰戦争における白虎隊の悲劇、会津藩の敗北が描かれることになる。第一回は会津籠城戦で八重がスペンサー銃を放つ場面に始まり、第一〇回「開戦！鳥羽伏見」(五月一九日放送)から第二九回「鶴ヶ城開城」(七月二一日放送)までの間、会津藩の視点から戊辰戦争の過程が描かれた。

留意したいことは、物語が悲劇で終わることなく、戊辰戦争後を生き抜き、新たな希望を得て再生していく主人公八重の姿も存分に描かれたということである。『八重の桜』の脚本を担当した山本むつみは、『NHK大河ドラマ・ス

トーリー　八重の桜　前編』(NHK出版、二〇一三年)のインタビューの中で、制作の意図について次のように述べている。

会津藩の物語というと、白虎隊をはじめとして、女性や子ども、老人が犠牲になったという、つらくかわいそうなイメージでとらえられがちです。「ひどい目にあった藩」「悲劇の藩」と感じている人が多いのではないでしょうか。覚馬を演じられる西島秀俊さんに、ひとつお話ししたことがあります。それは、覚馬は「戦に敗れた責任を自分が背負うのだ」という強い思いで、戦後、よりよい世界を築くために生きた人だということです。幕府には幕府の、薩長には薩長の理があり、歴史は「誰がいい」「誰が悪い」と、単純に割り切れるものではありません。会津の人たちは戦に敗れ、ひどい目にあいましたが、決して「被害者」だと思ってその後の時代を生きたわけではなかったはずです。(中略)「かわいそうな会津」ではなく、どんな障壁も強く、清々しい結束力で乗り越えようとする人々、それが、今回のドラマで私が描こうとしている会津の姿です。

また、会津藩士山川大蔵の母山川艶を演じた女優秋吉久美子も、次のように会津の歴史、作品への考えを語っている(同書)。

確かに会津藩は、幕府への忠誠をかたくなに貫いたために朝敵の汚名を着せられ、敗北しました。ただ、悲劇だけで終わらないところを見てほしいのです。たとえば艶の子どもたちは、維新後は教育者や通訳として活躍し、日本の知性を支えました。会津藩の気概が災いしたのは、戊辰戦争のほんのいっときのこと。本来それは何にも代え難い美徳で、悲劇からの再生を果たせた鍵でもあったと思います。(中略)震災後、ボランティア活動や福島県を応援する旅番組などを通じて各地を訪ねましたが、行く先々で人々の気高さや温かな思いやりに触れました。それはやはり、歴史に根ざしたものなのでしょう。あまり顧みられることのなかった過去を伝え、東北文化への敬意につながるようなドラマになればいいなと思います。

こうした再生・復興の物語という認識は、さまざまなレベルで制作に携わった者たちに共通のものである。音楽を担当した坂本龍一は「今回の作品は、当然のことながら、3・11を経験した日本の未来への思いもこめて作曲しています。日本近代史上最大の激動である明治維新の中で、たくましく、前を向いて生き抜いたひとりの女性の姿を、震災後の日本の私たち自身と重ね合わせて見ていただきたいと思います」(同書)と述べているし、制作統括の内藤愼介も「ドラマをきっかけに、東北を訪れたり、あるいは、ただ思ったりするだけでもいい。ドラマを見てくださる方々の気持ちがひとつにつながれば、福島、東北を元気にするための弾みとなります。「復興支援」というと大げさですが、本当の復興とは、私たちのそんな小さな行動から始まるのではないかと思っています」(同書後編)と、その思いを伝えている。新島八重は悲劇からの復興を象徴する登場人物なのである。

震災復興が『八重の桜』制作の動機であるならば、東日本大震災によって減少した会津若松市の観光客は『八重の桜』放映後に回復したのだろうか。会津若松市観光課が示す、市内を訪れた観光客数の統計をみると、震災のあった二〇一一年は二三四万八〇〇〇人、前年比で四三万二〇〇〇人の減少となっている。『八重の桜』が放送された二〇一三年には三九五万九〇〇〇人を記録している。これは前年と比べても一〇〇万人ほど多い数である。

『八重の桜』が観光客増加、ひいては震災復興の起爆剤となったことは明らかである。悲劇からの復興という物語は、時代劇メディアの中だけで完結するわけではなく、時代劇メディアの受容者の行動を刺激し、現実的な震災復興へとつながる流れをつくっていたといえよう。受容者は会津若松市を観光することによって、自らも復興という物語の登場人物の一人になるのである。

三　『八重の桜』放映に伴う観光整備と歴史叙述

『八重の桜』放映に伴い観光客の増加が見込まれる中、会津若松市は観光スポットをどのように整備していたのだろうか。また、そこではどのような歴史が紹介されていたのだろうか。会津若松市の観光計画そのものを明らかにすることが本論の目的ではない。前述の通り、時代考証学会では二〇一三年五月一九日にワークショップとして会津若松市内の巡見を実施した。会津若松市内には魅力ある観光スポットが数多く存在するが、限られた時間の中で廻ることができた場所はごく一部である。その限りにおいてではあるが、『八重の桜』放映に伴う会津若松市の観光整備と歴史叙述の在り方について、私見を述べることにしたい。

会津若松市では大河ドラマ放映に伴い、『八重の桜』プロジェクト協議会を組織し、「ハンサムウーマン八重と会津博」を企画して、鶴ヶ城天守閣を中心に、会津藩家老西郷頼母屋敷を復元した会津武家屋敷、会津新選組記念館など、市内のさまざまな施設で企画展示や関連イベントを開催した。

写真３　大河ドラマ館

同協議会運営のもと、二〇一三年一月一二日には、鶴ヶ城の東側に位置する旧会津図書館に大河ドラマ館がオープンした。オープンに際しては『八重の桜』で主人公新島八重を演じた女優の綾瀬はるかが訪れ、「会津の人に会いたいと思われる作品になるよう頑張りたい」と述べて、来館記念のサインをパネルに残している。館内では八重が育った山本家のセットを再現したほか、登場人物・歴史的背景を説明したパネル、撮影で使用した会津藩士の衣装や小道具などを展示、出演者からのメッセージ、メイキング映像を流すミニシアターが設置された。また、会津攻防戦のＣＧの中に来館者を投影できる鶴ヶ城北出丸セットや、バーチャルな射的など、最新映像技術を駆使したアトラクションも用意されており、年配者から子どもまで、幅広くドラマの世界観、会津の歴史に親しむことができる空間となっていた。

同協議会の取り組みとして注目しておきたいのが、スマートフォンの普及に対応した新アプリの開発である。株式会社デザイニウムと共同で、現代と過去の地図を重ね合わせることができ、各所に点在する観光スポットを有機的に結びつける観光案内アプリ「会津古今旅帳《ここんたびちょう》」を開発し、情報インフラを整備したのである。この「会津古今旅帳」の開発は、土地勘のない観光客のためであることは言うまでもなく、子ども向けの歴史教育にも一役買っている。会津藩の城下町であった会津若松市内には多くの武家屋敷地が残されているが、「会津古今旅帳」を使って城下周辺を散策することによって、現在の町並みと過去の様子を比べ、地域の歴史に対する理解を深めることができるのである。同協議会では学習向けに「「会津古今旅帳」で歩く八重のふるさと会津城下町探検」の台紙もあわせて作成している。「会津古今旅帳」と学習向けの台紙は、ともに同協議会のホームページから簡単にダウンロードすることができる。

基本的な情報を提供すると同時に、点在する観光スポットをいかに効率よく結合して観光客を移動させることができるかは、行政サイドの重要な課題となる。まちなか周遊バスは、城下町周辺の道幅の狭さ、一方通行の多さなどに起因する交通渋滞を緩和し、点在する観光スポットを結び付けて観光客の流動化を図るため、二〇〇一年以降、順次整備されていったものである。「ハイカラさん」「あかべぇ」(「ハイカラさん」とは逆回りのコース)の二コースが用意されており、ＪＲ会津若松駅を起点・終点として、七日町駅前や野口英世青春館、鶴ヶ城、会津武家屋敷、東山温泉、飯森山などのコースを、おおよそ一時間程度で周遊する。それぞれ一回の乗車で大人・中学生二〇〇円、小学生一〇

○円、専用のフリー乗車券が大人・中学生五〇〇円、小学生二五〇円という料金設定であった。

「ハイカラさん」でJR会津若松駅を出発すると、約二〇分ほどで鶴ヶ城に到着するが、この間、通り沿いの商店には軒並み『八重の桜』のポスターが貼られ、地元における大河ドラマ歓迎ムードが伝わってくるようであった。

『八重の桜』放映にあわせ、鶴ヶ城では新島八重が生きた幕末をテーマとした企画展示が開催されていた。二〇一三年度は四月一二日から九月三〇日まで、「会津人　戊辰戦争のまえとあと」と題して、松平容保・西郷頼母・秋月悌次郎・山本覚馬など、会津ゆかりの人物を取り上げて戊辰戦争前後の時代の移り変わりを紹介するものであった。天守閣内の展示物の中では、長さ一四〇センチメートル、幅三六センチメートルにわたる木綿地に墨書された「進撃隊旗」がひときわ目を引いた。この旗は戊辰戦争の際に鶴ヶ城防衛のために結成された進撃隊の隊員であった三澤与八(尚志、のち毅)の子孫が二〇〇九年六月に会津若松市へ寄贈したもので、すでに二〇〇四年から天守閣で展示されていたが、今回の企画展示でより多くの人々の目に触れることになった。また、天守閣第一層のミニシアターでは「映像で見る会津の華　ハンサム・ウーマン八重の生涯」が放映された。

鶴ヶ城天守閣の登閣者は大河ドラマ館開設との相乗効果で急増し、『八重の桜』が前半のヤマ場、戊辰戦争へと向かっていく四月には、震災前の七万人台を大幅に超える一一万六九五八人が入場したという(『福島民友新聞』五月三日配信)。会津若松市のシンボル、観光の中心といった鶴ヶ城の位置付けは、『八重の桜』放映を機に一層際だったものになった。

鶴ヶ城に隣接する福島県立博物館でも、大河ドラマ放映にあわせて「NHK大河ドラマ特別展　八重の桜」(会期二〇一三年五月一七日~七月三日)が開催され、ドラマ関連の諸資料が展示された。展示構成は「プロローグ」「会津の教え」「幕末の京都」「会津籠城」「古都復興—覚馬と襄—」「ハンサムウーマンへ」「エピローグ」であり、江戸・明治・大正・昭和という時代を生きた八重の姿を通して、戊辰戦争の敗戦から立ち上がる人々の姿を伝える内容であった。会津藩士 穂積朝春が東京幽閉中に描いたと伝わる「白虎隊自刃図」（明治二年、会津若松市所蔵）、八重が会津籠城時に携えていたという「懐剣拵」（同志社大学同志社社史資料センター所蔵）、会津藩降伏に際して無念の思いを込めて詠んだとされる新島八重筆和歌条幅「明日の夜は」（昭和五年、福島県立葵高等学校所蔵）、前述した「泣血氈」（明治元年、会津若松市所蔵）など、会津若松の戊辰戦争にまつわる悲劇が示される。

その一方で、京都関連の資料も多数展示された。これは八重の兄山本覚馬が戊辰戦争後に京都の殖産興業政策に関与したこと、また八重の夫となる新島襄が同志社英学校を創立したことによる。八重自身も明治四年（一八七一）に会津から京都に移住し、八六歳でその生涯を閉じるまで長く京都で生活を送った。展示では山本覚馬が英文原稿を書いた京都の案内書「The Guide to the Celebrated Places in Kiyoto & the Surrounding Places」（明治六年、尼崎市教育委員会所蔵）が示されていたが、これは幕末期に西洋軍事技術を受容する中で得た覚馬の洋学に関する知識が、戊辰戦争後の社会において違うかたちで活かされたことを表すものでもある。また、京都最初の公立女学校である女紅場に勤めていた八重が出した休暇願「有司願伺届」（明治八年、京都府立総合資料館所蔵）や「新島八重筆英文書簡草稿」（明治一六年、同志社大学同志社社史資料センター所蔵）などは、西洋文明を受容して新たな時代を生き抜く八重の姿を伝えるものであった。

鶴ヶ城とともに会津観光の柱となっているのが飯森山である。鶴ヶ城の北東、「ハイカラさん」での移動時間約二五分の距離に位置する標高約三七〇メートルの飯森山は、白虎隊の悲劇とともに広く知られる。「飯森山下」のバス停を下りると、すぐに切符売り場があり、スロープコンベアで白虎隊霊場の入口まで登ることができる。霊場内には一九士の墓や「白虎隊碑」「白虎観音」「弔歌碑」のほか、イタリア・ドイツから寄贈された記念碑が建つ。また、霊場から白虎隊自刃の場に至る途中には飯沼貞吉の墓がある。白虎隊士中二番隊のうち、自刃を試みたものの一命をとりとめた人物が飯沼貞吉である。後世、飯沼は白虎隊について多くを語らなかった。明治期以降の文筆家たちの創作や文飾を加えた白虎隊の事蹟に対してもあえて反論せず、そうして広まった物語がそのまま史実として伝わっていることが多いとされる(『会津若松市史』歴史編七 近世四)。時代劇メディアは地域の歴史を掘り起こす起爆剤になる反面、史実とは異なる歴史叙述が無自覚のうちに人々の間に広がっていく側面があることには十分な注意が必要となる。

ほかにも飯森山には、西国三十三観音を安置した寛政八年(一七九六)建造の国指定重要文化財「円通三匝堂《えんつうさんそうどう》」や、寛文期(一六六一～七三)建造の宇賀神堂、「弁天様」と親しまれる厳島神社、天保期(一八三〇～四四)に整備された会津平野の灌漑用水である戸の口堰洞穴など、さまざまな史跡が存在しており、白虎隊に興味をもって訪れる観光客が多い中、多面的な地域の歴史を伝える空間として整備されている。麓には『八重の桜』のオープニングで撮影された「石部桜」があり、大河ドラマ放映によって、著名な観光スポットとして多くの人々に認知されていくことになった。

おわりに

NHK大河ドラマ『八重の桜』放映を契機に、会津若松市は観光振興のために期間限定の大河ドラマ館を新たにオープンし、既存の各観光スポットで関連展示やイベントを行い、周遊バスでアクセスしやすい交通環境を整備した。また、スマートフォンに対応した観光案内アプリ「会津古今旅帳」を開発するなど、現代の情報環境に応じて、幅広い年齢層に地域の歴史を紹介する取り組みを行っていた。

従来からの観光の拠点であった鶴ヶ城や、地域の歴史の調査・普及を担ってきた福島県立博物館では、『八重の桜』に関連した展示が行われ、これまで一般にはあまり知られてこなかった会津若松の歴史が紹介された。そこでの歴史叙述の特徴は、東日本大震災からの復興を支援するという『八重の桜』の制作動機と相似をなすものであった。『八重の桜』放映前の会津若松の観光およびそれと結びついた歴史は、主として白虎隊の悲劇、戊辰戦争における会津藩の敗北を取り上げるものであった。自刃した白虎隊士を弔い、あるいは顕彰する慰霊空間としての飯森山は、会津若松の観光振興に伴って重要なスポットの一つとなり、多くの観光客を迎え入れることになった。戊辰戦争における敗北の歴史は、白虎隊の悲劇とともに、時代劇メディアを通じて世の中に広く受容されていた。

『八重の桜』においても会津藩が迎えた苦難の歴史が描かれているが、本論の問題関心に即して重要なことは、『八重の桜』が悲劇からの復興を描く物語だということである。『八重の桜』の放映は、どこまで受容されたかは別として、会津若松の歴史叙述の基調を悲劇から復興へと転換させる契機になったといえるだろう。復興という視座に立てば、悲劇も復興へとつながる過程の中に位置付けられることになる。

そうした歴史叙述の在り方を、歴史学的な観点から検証することが本論の目的ではない。受容者への影響力を有するＮＨＫ大河ドラマという時代劇メディアが地域の観光や歴史にどのような影響をもつのか。その実態を明らかにすることが歴史叙述へのリテラシーを高め、歴史の理解を深めていくことにつながっていくと思うのである。

あとがき

本書は、二〇一三年一一月二三日(土)、東京学芸大学小金井キャンパスにて開催された時代考証学会第五回シンポジウム「時代劇メディアが語る歴史―表象とリアリズム―」における四報告を軸とした報告集です。「鬼平犯科帳」を題材に時代劇メディアが学問・観光面に及ぼす影響を考察した門野里苗氏。子ども向け学習雑誌編集に携わってきた経験に基づき、学習マンガ固有のリアリティの追究とそこで時代考証が果たす役割について考察した小泉隆義氏。NHK大河ドラマ『八重の桜』の制作を事例に「時代劇らしさ」の表現方法、撮影のロケーション、時代劇の継承の問題などを考察した岸聡光氏。みずからの身体を通じて歴史を表象する演じ手としての立場からリアリズムの問題を考察した宍戸開氏。

それぞれ専門や経歴の異なる四名の報告者が、これまで語られることのなかった表象とリアリズムの問題を取り上げ、時代劇メディアをめぐる活発な議論が展開されました。本書に掲載したパネルディスカッションの記録や小沼幸雄氏の参加記をご覧いただければ、いかに充実した議論であったのかがおわかりいただけると思います。

また、シンポジウムのテーマをさらに意義のあるものにするべく、シンポジウムの記録とは別に、特論として「大河ドラマ放映と観光地」をテーマに掲げ、NHK大河ドラマ放映を契機とした地域の歴史表象や観光の変化について考察した四本の論考を用意しました。鹿児島・高知・宮島・会津若松、それぞれの地域において歴史叙述の内容や方法はどのように変化し、人々に受容されていったのでしょうか。その過程で顕在化する表象とリアリズムの問題に迫りました。

時代劇メディア作品は、物語の構成に即して歴史的事実を取捨選択し、現在の価値観に立脚して歴史を表象します。とくに大河ドラマは、冒頭の趣旨説明にもあるように、「国民の歴史」を紡ぐ装置として、人びとの歴史意識の基礎を醸成してきました。

そうした状況を踏まえ、時代劇メディア作品の制作過程において、歴史的事実を踏まえようとする「リアリズム」追求の意図・方法、さらには歴史的事実の取捨選択を経て、時代劇メディア作品の作り手が文章・図像・映像などを通じていかに歴史を「表象」(イメージ化)しているのかを問う。そうすることで時代劇メディア作品が語る歴史の内実に切り込んでいくということが第五回シンポジウムの主眼です。

第五回シンポジウムにおきましても、これまで同様、時代劇メディア作品に興味関心をもつ多くの方々にご参集いただきました。時代劇メディア作品の制作に関わる研究者・制作者だけではなく、時代劇メディア作品を受容する市民の皆様にも議論に加わっていただき、さまざまな観点から意見交換を行うことができました。こうした議論を集積していくことによって、時代考証学会の存在はより意義深いものになっていくことでしょう。

シンポジウムは二〇一三年で五回目を数え、時代考証学の目指すところが少しずつ具体的なかたちとなって表れてきました。今後とも制作する側、受容する側、時代考証に関わる多くの人びとが議論を積み重ねることで、時代考証学が一層充実したものになるよう力を注いでいく所存です。

本書刊行にあたっては、編集作業の大幅な遅延により、執筆者の皆様には多大なるご迷惑をおかけいたしましたが、あたたかいご支援を賜り、充実した内容になりました。また岩田書院・岩田博氏には多くのご助言、ご協力を賜りました。末筆ではございますが、皆様に心より感謝申し上げます。

時代考証学会　神谷　大介

河ドラマ制作における専門家と〝学問〟」（時代考証学会・大石学編『時代劇制作現場と時代考証』岩田書院、2013年）、「日本近世における地域意識と編纂文化」（『歴史評論』第790号、2016年）など。

三野　行徳（みの　ゆきのり）1973年生
国文学研究資料館プロジェクト研究員、東洋英和女学院大学非常勤講師
〔時代考証〕 NHK 正月時代劇『またも辞めたか亭主殿』（資料提供、2003年）、NHK 大河ドラマ『新選組！』（資料提供、2004年）、NHK 正月時代劇「新選組！！―土方歳三最期の一日―」（資料提供、2006年）。
〔著作等〕「維新期、旗本家・家臣団解体過程の検討」（『関東近世史研究』第71号、2012年）、「大河ドラマのなかの新選組と幕末」（大石学・時代考証学会編『大河ドラマと市民の歴史意識』岩田書院、2013年）、「明治維新と武家の北海道移住―有珠郡における新たな共同体形成―」（旅の文化研究所『旅の文化研究所研究報告』23号、2013年）など。

神谷　大介（かみや　だいすけ）1975年生
東海大学文学部非常勤講師
〔時代考証〕 舞台『あかいくらやみ―天狗党幻譚―』（資料提供、2013年）、NHK 大河ドラマ『花燃ゆ』（資料提供、2015年）。
〔著作等〕『幕末期軍事技術の基盤形成―砲術・海軍・地域―』（岩田書院、2013年）、「幕末期における幕府艦船運用と寄港地整備―相州浦賀湊を事例に―」（『地方史研究』58巻 2 号：通号332、2008年）、「万延・文久期における江戸湾浪士取締体制と沖番船出役」（東京堂出版、2009年）、「文久・元治期の将軍上洛と「軍港」の展開―相州浦賀湊を事例に―」（『関東近世史研究』第72号、2012年）など。

り―大河ドラマ「篤姫」を題材に―」（大石学・時代考証学会編『大河ドラマを作るということ―時代考証学の提唱―』名著出版、2012年）、「時代劇ドラマとの現代性とフィクション・ノンフィクション―第三回シンポジウムの成果と課題―」（時代考証学会・大石学編『大河ドラマと市民の歴史意識』岩田書院、2013年）。

小沼　幸雄（こぬま　ゆきお）1963年生
埼玉県杉戸町教育委員会職員
〔業績〕『杉戸町史』『大利根町史』『久喜市栗橋町史』などの自治体史編さん、「杉戸宿―杉戸宿と百間領の村々―」展（宮代町教育委員会・杉戸町教育委員会共催、2012年）に関わる。

門松　秀樹（かどまつ　ひでき）1974年生
慶應義塾大学法学部非常勤講師、尚美学園大学総合政策学部非常勤講師、埼玉工業大学人間社会学部非常勤講師
〔時代考証〕 NHK 大河ドラマ『八重の桜』（資料提供、2013年）、NHK 連続テレビ小説『あさが来た』（資料提供、2015・16年）『わろてんか』（資料提供、2017年～）、テレビ東京『永遠の０』（資料提供、2015年）など。
〔著作等〕『開拓使と幕臣』（慶應義塾大学出版会、2009年）、『明治維新と幕臣』（中央公論新社、2014年）、「明治初期における統治者の意識―藩の触書と府県布達の比較を中心に―」（大石学編『一九世紀の政権交代と社会変動―社会・外交・国家―』東京堂出版、2009年所収）、「明治維新期における朝臣に関する一考察」（『法学研究』第82巻第２号）など。

野本　禎司（のもと　ていじ）1977年生
駒澤大学文学部非常勤講師
〔時代考証〕 NHK 大河ドラマ『篤姫』（資料提供、2008年）、映画『大奥』（時代考証、2010年）、NHK-BS プレミアム BS 時代劇『陽だまりの樹』（時代考証補、2012年）、映画『大奥～永遠［右衛門佐・綱吉篇］』（時代考証、2012年）、『学研まんが NEW 日本の歴史09 開国と明治維新』（監修、学研教育出版、2012年）など。
〔著作等〕「時代考証と歴史学―大河ドラマ『篤姫』を題材に―」（大石学・時代考証学会編『時代考証学ことはじめ』東京堂出版、2010年）、「近世後期旗本家用人の就任過程―江戸－周辺地域論の視座から―」（大石学編『近世首都論』岩田書院、2013年）、「出羽国村山郡幕府領村役人の江戸廻米構想」（荒武賢一朗編『東北からみえる近世・近現代』岩田書院、2016年）など。

工藤　航平（くどう　こうへい）1976年生
東京都公文書館専門員
〔時代考証〕 NHK 大河ドラマ『龍馬伝』（資料提供、2010年）、NHK 土曜時代劇『オトコマエ！』シリーズ（時代考証補、2008～2009年）、BS ジャパン火曜スペシャル時代劇シリーズ（時代考証、2015～2017年）、『学研まんが NEW 日本の歴史08 ゆれる江戸幕府』（監修、学研教育出版、2012年）など。
〔著作等〕『近世蔵書文化論―地域〈知〉の形成と社会―』（勉誠出版、2017年）、「大

小泉　隆義（こいずみ　たかよし）1960年生
株式会社学研プラス総合企画部校閲課シニアディレクター
〔経歴〕 1989年、㈱学習研究社（現・学研ホールディングス）に入社。教科図書編集部、学習編集部、児童書編集部などを経る。学習編集部では、小学生向けの学年別学習雑誌『２年の学習』『３年の学習』『５年の学習』『６年の学習』の編集長を務める。会社のホールディングス制の導入による分割・子会社化によって、株式会社学研教育出版の絵本・児童書編集室、図鑑・百科編集室に所属し、編集長として子ども向けの学習まんがや歴史図鑑などを担当。2012年に『学研まんが NEW 日本の歴史』、2016年に『学研まんが NEW 世界の歴史』を制作。

岸　聡光（きし　としみつ）1955年生
株式会社 NHK アート美術デザイナー
〔業績〕 NHK 大河ドラマ『武蔵 MUSASHI』（2003年）『功名が辻』（2006年）『八重の桜』（2013年）、NHK 連続テレビ小説『瞳』（2008年）、NHK 木曜時代劇『吉原裏同心』（2014年）、NHK スペシャル『未解決事件 file.01グリコ・森永事件』（2011年）、NHK 土曜ドラマ『限界集落株式会社』（2015年）など。

宍戸　開（ししど　かい）1966年生
俳優、写真家
〔業績〕 NHK 大河ドラマ『武田信玄』（1988年）でデビュー。映画『マイフェニックス』で日本アカデミー賞新人俳優賞を受賞。NHK 大河ドラマ『八代将軍吉宗』（1995年）『毛利元就』（1997年）『風林火山』（2007年）、テレビ朝日ドラマ三毛猫ホームズシリーズ（1989～1991年）、NHK 正月時代劇『上杉鷹山—二百年前の行政改革—』（1998年）、NHK 金曜時代劇『御宿かわせみ』（2003・04年）、テレビ東京新春ワイド時代劇『忠臣蔵—その義その愛—』（2012年）、テレビ朝日『宇宙戦隊キュウレンジャー』（2017年）など、数多くの作品に出演。五影開の名義で写真家としても活動。

竹村　誠（たけむら　まこと）1978年生
すみだ北斎美術館学芸員
〔時代考証〕 NHK 金曜時代劇『慶次郎縁側日記』（時代考証補、2005～06年）『御宿かわせみ　第三章』（時代考証補、2005年）、NHK 大河ドラマ『篤姫』（資料提供、2008年）、映画『大奥』（時代考証、2010年）、BS-TBS『今昔！古地図東京巡り「お江戸　日本橋 品川」』（古地図考証、2012年）、ドラマ『大奥～誕生［有巧・家光編］』（時代考証、TBS テレビ、2012年）。
〔業績〕「すみだ北斎美術館を支えるコレクター—ピーター・モースと楢﨑宗重 二大コレクション—」展（すみだ北斎美術館、2017年）、「北斎×富士 ～冨嶽三十六景 富嶽百景 揃いぶみ～」展（すみだ北斎美術館、2017年）などの展示会に関わる。
〔著作等〕「御三卿の領地変遷」（大石学編『近世国家の権力構造』岩田書院　2003年）、「中野村・高円寺村・馬橋寺村三か村用水開削の経緯と成宗弁天」（『杉並区立郷土博物館研究紀要』第15号、2007年）、『浮世絵と古地図でめぐる江戸名所散歩』（大石学監修、竹村誠編 /JTB パブリッシング /2011年）、「歴史学と時代考証との関わ

【執筆者紹介】（掲載順）

大石　学（おおいし　まなぶ）1953年生
東京学芸大学教授・副学長、時代考証学会会長
〔時代考証〕 NHK 大河ドラマ『新選組！』（2004年）『篤姫』（2008年）『龍馬伝』（2010年）『八重の桜』（2013年）『花燃ゆ』（2015年）、NHK 金曜時代劇『御宿かわせみ』（2003～05年）『蝉しぐれ』（2004年）『慶次郎縁側日記』（2004～06年）、NHK 木曜時代劇・土曜時代劇『陽炎の辻』（2007～09年）、NHK-BS プレミアム BS 時代劇『薄桜記』（2012年）、映画『大奥』（2010年）『るろうに剣心』（2012年）『沈黙』（2017年）など数多くの作品において時代考証を担当。
〔著作等〕『吉宗と享保の改革』（東京堂出版、1995年）、『享保改革と地域政策』（吉川弘文館、1996年）、『徳川吉宗・国家再建に挑んだ将軍』（教育出版、2001年）、『首都江戸の誕生』（角川学芸出版、2002年）、『新選組』（中央公論社、2004年）、『大岡忠相』（吉川弘文館、2006年）、『元禄事件と赤穂事件』（角川学芸出版、2007年）、『江戸の教育力』（東京学芸大学出版会、2007年）、『江戸の外交戦略』（角川学芸出版、2009年）、『徳川吉宗』（山川出版社、2012年）、『近世日本の政治と改革』（吉川弘文館、2013年）、『時代劇の見方・楽しみ方―時代考証とリアリズム―』（吉川弘文館、2013年）、『新しい江戸時代が見えてくる―「平和」と「文明化」の265年―』（吉川弘文館、2014年）など多数。

佐藤　宏之（さとう　ひろゆき）1975年生
鹿児島大学学術研究院法文教育学域教育学系准教授
〔時代考証〕 NHK 大河ドラマ『龍馬伝』（資料提供、2010年）、『学研まんが NEW 日本の歴史07 江戸幕府の確立』（監修、学研教育出版、2012年）。
〔著作等〕『「龍馬」を読み解く100問』（NHK 出版、2009年、大石学との共著）、『近世大名の権力編成と家意識』（吉川弘文館、2010年）、『現代語訳徳川実紀 家康公伝』１～５（吉川弘文館、2010～2012年、大石学・小宮山敏和・野口朋隆との共編著）、『自然災害と共に生きる―近世種子島の気候変動と地域社会―』（北斗書房、2017年）。

門野　里苗（かどの　さなえ）1986年生
東京都公立学校臨時的任用講師
〔時代考証〕 NHK 土曜時代劇『桂ちづる診察日録』（時代考証補、2010年）、映画『るろうに剣心』（時代考証助手、2012年）、舞台『しみじみ日本・乃木大将』（時代考証助手、2012年）。
〔著作等〕「田中煉化工場の煉化石販売先について―明治二年から明治三十五年を対象として―」（東京都北区教育委員会『文化財研究紀要』19集、2010年）、『浮世絵と古地図でめぐる江戸名所散歩』（大石学監修、JTB パブリッシング、2011年）、「戸部家文書からみる滝野川地域の水茶屋経営」（『北区飛鳥山博物館研究報告』第14号、2012年）、「滝野川地域の水茶屋経営」（東京都北区教育委員会『滝野川村 戸部家文書 調査報告書』文化財研究紀要別冊第22集、2013年）。

時代劇メディアが語る歴史 —表象とリアリズム—

2017年（平成29年）11月　第１刷　400部発行　**定価［本体3200円＋税］**

編　者　大石　学・時代考証学会

発行所　有限会社岩田書院　代表：岩田　博　http://www.iwata-shoin.co.jp

〒157-0062　東京都世田谷区南烏山4-25-6-103　電話03-3326-3757　FAX03-3326-6788

組版・印刷・製本：藤原印刷　Printed in Japan

ISBN 978-4-86602-010-5 C1031 ¥3200E

大石学・時代考証学会 編（東京学芸大学教授／1953年生まれ）

時代劇制作現場と時代考証

2014年７月発売(2013年10月刊)・Ａ５判・182頁・並製本・カバー装・**２４００円**（税別）

第一部は、時代考証学会第４回シンポジウム「時代劇制作現場と学問のあいだ－考証・指導・監修－」（2012. 11. 23)の記録。

時代劇制作現場と学問・伝統文化のあいだの橋渡しをするのが、時代考証などの考証・指導・監修である。これまで時代考証家とよばれる人々がおこなってきた時代考証の作業が考証・指導・監修など、様々な名称で分業化・協業化されてきた実態と意味を問う。

第二部は、シンポジウムでは取り上げきれなかった立場で時代劇に携わっている方々に執筆を依頼。

【主要目次】

大石学・時代考証学会 編（東京学芸大学教授／1953年生まれ）

大河ドラマと市民の歴史意識

2014年７月発売（2013年３月刊）・Ａ５判・326頁・並製本・カバー装・**３８００円**（税別）

歴史作品、とくに大河ドラマが市民の歴史意識の形成に与える影響は看過できない問題ではないだろうか。また、歴史作品の制作過程を追うと、市民の歴史意識が少なからず影響を与えている。歴史作品の制作にたずさわる時代考証は、歴史作品と市民の歴史意識という両者の関係性に対してどのような役割をもつのか、「時代考証学」という視点から解き明かしたい。本書第一編は、時代考証学会第３回シンポジウム「大河ドラマと市民の歴史意識」（2011.11.23）における報告。第二編は、歴史学、文学、教材編集、デジタルコンテンツ制作、地域社会などさまざまな角度から、歴史作品と市民の歴史意識との関係を論究。

【主要目次】

岩田書院 刊行案内（25）

			本体価	刊行年月
976	小田　悦代	呪縛・護法・阿尾奢法＜宗教民俗９＞	6000	2016.10
977	清水　邦彦	中世曹洞宗における地蔵信仰の受容	7400	2016.10
978	飯澤　文夫	地方史文献年鑑2015＜郷土史総覧19＞	25800	2016.10
979	関口　功一	東国の古代地域史	6400	2016.10
980	柴　　裕之	織田氏一門＜国衆20＞	5000	2016.11
981	松崎　憲三	民俗信仰の位相	6200	2016.11
982	久下　正史	寺社縁起の形成と展開＜御影民俗22＞	8000	2016.12
983	佐藤　博信	中世東国の政治と経済＜中世東国論６＞	7400	2016.12
984	佐藤　博信	中世東国の社会と文化＜中世東国論７＞	7400	2016.12
985	大島　幸雄	平安後期散逸日記の研究＜古代史12＞	6800	2016.12
986	渡辺　尚志	藩地域の村社会と藩政＜松代藩５＞	8400	2017.11
987	小豆畑　毅	陸奥国の中世石川氏＜地域の中世18＞	3200	2017.02
988	高久　　舞	芸能伝承論	8000	2017.02
989	斉藤　　司	横浜吉田新田と吉田勘兵衛	3200	2017.02
990	吉岡　　孝	八王子千人同心における身分越境＜近世史45＞	7200	2017.03
991	鈴木　哲雄	社会科歴史教育論	8900	2017.04
992	丹治　健蔵	近世関東の水運と商品取引 続々	3000	2017.04
993	西海　賢二	旅する民間宗教者	2600	2017.04
994	同編集委員会	近代日本製鉄･電信の起源	7400	2017.04
995	川勝　守生	近世日本石灰史料研究10	7200	2017.05
996	那須　義定	中世の下野那須氏＜地域の中世19＞	3200	2017.05
997	織豊期研究会	織豊期研究の現在	6900	2017.05
000	史料研究会	日本史のまめまめしい知識２＜ぶい＆ぶい新書＞	1000	2017.05
998	千野原靖方	出典明記 中世房総史年表	5900	2017.05
999	植木・樋口	民俗文化の伝播と変容	14800	2017.06
000	小林　清治	戦国大名伊達氏の領国支配＜著作集１＞	8800	2017.06
001	河野　昭昌	南北朝期法隆寺雑記＜史料選書５＞	3200	2017.07
002	野本　寛一	民俗誌・海山の間＜著作集５＞	19800	2017.07
003	植松　明石	沖縄新城島民俗誌	6900	2017.07
004	田中　宣一	柳田国男・伝承の「発見」	2600	2017.09
005	横山　住雄	中世美濃遠山氏とその一族＜地域の中世20＞	2800	2017.09
006	中野　達哉	鎌倉寺社の近世	2800	2017.09
007	飯澤　文夫	地方史文献年鑑2016＜郷土史総覧19＞	25800	2017.09
008	関口　　健	法印様の民俗誌	8900	2017.10
009	由谷　裕哉	郷土の記憶・モニュメント＜ブックレットH22＞	1800	2017.10
010	茨城地域史	近世近代移行期の歴史意識・思想・由緒	5600	2017.10
011	斉藤　　司	煙管亭喜荘と「神奈川砂子」＜近世史46＞	6400	2017.10
012	四国地域史	四国の近世城郭＜ブックレットH23＞	1700	2017.10